高等职业教育创客教育系列教材

创客项目
设计与制作

AI 赋能版

▶ 主　编　梁　平　张砚雪
▶ 副主编　陈　静　傅友源
▶ 参　编　李云平　王超　王佳　孟江曼　王贵梁

机械工业出版社
CHINA MACHINE PRESS

本教材聚焦高职院校"AI+创客"融合培养，强调将人工智能知识与编程、开源硬件实践深度融合。通过4个典型项目（包括智能导盲鞋、智能识别、智能共享盆栽养护系统、智能家居）和38个学习案例，引导学生在解决实际问题的过程中掌握AI赋能创客设计的方法、形成跨域协同能力、建立AI驱动创新思维，提升AI时代实践创新与就业竞争力。

教材配备44个微课视频、4套在线测试，及1个串口函数。读者只需要用手机扫一扫书中二维码，即可随时学习。

教材配有电子课件，凡使用本书作为教材的教师可登录机械工业出版社教育服务网www.cmpedu.com下载。咨询电话：010-88379375。

本教材可作为高职高专创客类课程教材，也可作为创客爱好者的参考书。

图书在版编目（CIP）数据

创客项目设计与制作：AI赋能版 / 梁平，张砚雪主编. -- 北京：机械工业出版社，2025.8. --（高等职业教育创客教育系列教材）. -- ISBN 978-7-111-79143-0

Ⅰ．TP18

中国国家版本馆CIP数据核字第20258LK453号

机械工业出版社（北京市百万庄大街22号　邮政编码100037）
策划编辑：杨晓昱　　　　　责任编辑：杨晓昱
责任校对：张爱妮　陈　越　封面设计：马精明
责任印制：单爱军
中煤（北京）印务有限公司印刷
2025年9月第1版第1次印刷
184mm×260mm・12.5印张・245千字
标准书号：ISBN 978-7-111-79143-0
定价：59.80元

电话服务　　　　　　　　　网络服务
客服电话：010-88361066　　机　工　官　网：www.cmpbook.com
　　　　　010-88379833　　机　工　官　博：weibo.com/cmp1952
　　　　　010-68326294　　金　书　网：www.golden-book.com
封底无防伪标均为盗版　机工教育服务网：www.cmpedu.com

前 言

为深入贯彻落实《国家职业教育改革实施方案》《关于推动现代职业教育高质量发展的意见》等文件精神，响应国家"新双高计划"建设要求，强化学生在AI时代的实践创新能力与就业竞争力，本教材编写团队立足高职教育"AI+创客"融合培养定位，系统整合AI知识融入创客教育的实践经验，开发出完整的项目化教学资源。

教材开发团队由高职院校AI教学骨干教师联合企业工程师共同组建。教材以"AI知识赋能做中学、创中学"为核心理念，内容聚焦38个学习案例和4个典型创客项目。4个项目分别是：

1.智能导盲鞋：Scratch 编程。该项目依托直观易学的界面，将庞大复杂的智能系统拆解为可观察的微观逻辑单元，让学生在制作动画、游戏的过程中，实现"创意+AI知识"的趣味表达，提升编程的合理性与创新性，进而使得学生的AI认知升维。

2.智能识别：人工智能基础赋能知识。该项目系统解析AI知识在创客设计中的赋能逻辑——从机器学习的基本思想简化创意实现流程，到计算机视觉的基础原理拓展创客作品的设计思路，帮助学生掌握"用AI知识解决创客实践难题"的关键方法。

3.智能共享盆栽养护系统：Arduino 硬件开发。该项目以开源硬件平台为载体，运用AI感知知识，如土壤湿度传感器与数字温湿度传感器，实现栽培基质含水量及环境温湿度实时监测，让硬件开发从"机械控制"升级为"智能响应"。

4.智能家居：App Inventor移动应用开发。该项目基于高效开发工具，指导学生通过理解AI算法的基本逻辑，实现App与Arduino硬件的智能联动（如依据简单的语音识别知识实现语音控制硬件设备），让移动应用成为创客作品的"智能控制中枢"。

通过本教材的学习，期望学生达成三大目标：掌握AI知识赋能创客设计的核心方法，能将机器学习、智能感知等AI知识融入编程和开源硬件制作过程；形成"AI知识+编程+开源硬件"的跨域协同能力，提升创客作品的智能性与实用性；建立"用AI知识驱动创新"的思维模式，为成长为AI时代的高素质创客人才奠定基础。

由于编者对AI知识赋能创客领域的探索仍在深化，书中难免存在不足，恳请读者批评指正，助力教材持续完善。

编者

二维码索引

名称		页码	名称		页码
微课1-1	认识Scratch	004	微课2-12	数据分析	069
微课1-2	运动模块	007	微课2-13	数据可视化	069
微课1-3	循环等待	011	微课2-14	云计算的关键技术	071
微课1-4	判断控制	011	微课2-15	云交付模型和云计算与大数据	072
微课1-5	克隆	011	微课3-1	初识Arduino	102
微课1-6	外观模块	014	微课3-2	Arduino基础	103
微课1-7	声音播放	016	微课3-3	数字IO口的使用（数字信号）	109
微课1-8	音量音效	016	微课3-4	模拟IO口的使用（模拟信号）	112
微课1-9	侦测模块	020	微课3-5	Arduino串口通信	115
微课1-10	数学运算	023	微课3-6	LCD液晶显示实验	115
微课1-11	逻辑运算	023	微课3-7	声控灯、超声波测距仪、光控灯及光控蜂鸣器	119
微课1-12	画笔模块	026	微课3-8	雨水检测信号灯、火焰报警器	125
微课1-13	变量	030	微课3-9	网页控制Arduino	129
微课1-14	列表	030	微课3-10	Arduino按键、步进电动机控制、蓝牙通信、无线数据传输	134
微课2-1	人工智能定义	041	微课4-1	App Inventor简介	158
微课2-2	计算机视觉	046	微课4-2	App Inventor传感器	162
微课2-3	图像视频识别	050	微课4-3	App Inventor绘图动画	164
微课2-4	模式识别	051	微课4-4	App Inventor社交应用	165
微课2-5	无人驾驶的产生与发展	056	微课4-5	Lottie动画组件	171
微课2-6	无人驾驶汽车体系结构	058	串口函数		115
微课2-7	无人驾驶的机遇与挑战	060	项目一	测试题	37
微课2-8	语音唤醒	063	项目二	测试题	95
微课2-9	聊天机器人	065	项目三	测试题	153
微课2-10	数据采集	069	项目四	测试题	189
微课2-11	数据存储、数据清洗	069			

目 录

前言
二维码索引

模块一　创意思维与创新方法

项目一　智能导盲鞋 …002
一、项目情境 …002
二、项目准备 …002
三、相关知识点 …003
四、项目需求分析 …033
五、项目实施 …034
六、项目展示 …036
七、项目拓展 …037
八、项目小结 …037
九、在线测试 …037
十、创意项目池 …038
十一、项目工单 …039

项目二　智能识别 …040
一、项目情境 …040
二、项目准备 …040
三、相关知识点 …041
四、项目需求分析 …075
五、项目实施 …075
六、项目展示 …094
七、项目拓展 …095
八、项目小结 …095
九、在线测试 …095
十、创意项目池 …095
十一、项目工单 …097

模块二　创客产品制作

项目三　智能共享盆栽养护系统 …100
一、项目情境 …100
二、项目准备 …100
三、相关知识点 …102
四、项目需求分析 …144
五、项目实施 …144
六、项目展示 …152
七、项目拓展 …152
八、项目小结 …153
九、在线测试 …153
十、创意项目池 …153
十一、项目工单 …155

项目四　智能家居 …156
一、项目情境 …156
二、项目准备 …156
三、相关知识点 …158
四、项目需求分析 …181
五、项目实施 …181
六、项目展示 …188
七、项目拓展 …189
八、项目小结 …189
九、在线测试 …189
十、创意项目池 …189
十一、项目工单 …191

参考文献 …192

模块一
创意思维
与创新方法

创客项目设计与制作

（AI赋能版）

PROJECT 1
项目一　智能导盲鞋

知识目标
- 掌握图形化编程各模块组件的使用。
- 掌握Scratch界面的六大区域功能。
- 掌握编程的基本概念和逻辑。

能力目标
- 能熟练使用Scratch编程界面的各模块组件完成指定任务。
- 能独立设计并实现简单的程序逻辑，实现导盲鞋的基本功能模拟。
- 能在项目中分析问题并提出解决方案，形成完整的作品展示。

素质目标
- 提升数字化时代的适应能力与核心竞争力。
- 培养持续创新和突破性思维能力。
- 强化团队协作能力与职业化沟通素养。
- 建立自主学习体系，实现终身成长。

一、项目情境

小李被Scratch官网的智能创客展吸引，向学长请教。学长以智能导盲鞋为例，教他什么是图形化编程、图形化编程对创客的作用，然后指导他使用图形化编程完成首个创客作品。

二、项目准备

1. 素材准备

请准备鞋子、障碍物等素材。

2. 技术准备

请准备界面设计、程序代码编写。

3.思维导图

项目一实施流程思维导图如图1-1所示。

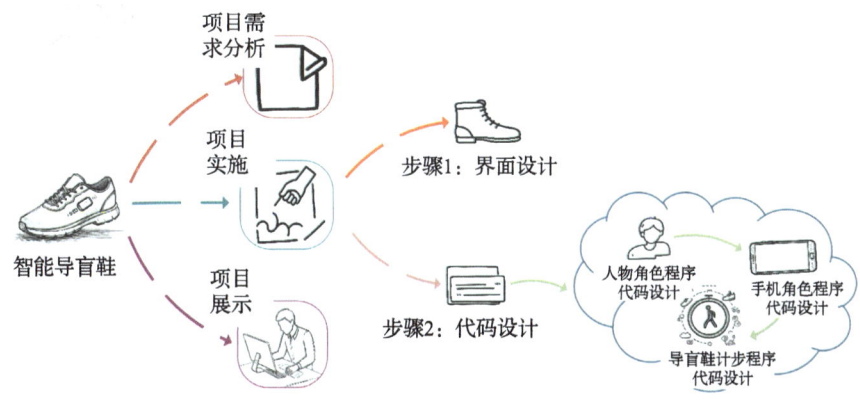

图1-1　项目一实施流程思维导图

三、相关知识点

（一）认识图形化编程

1.图形化编程发展历程

（1）认识Scratch

Scratch是由美国麻省理工学院的媒体实验室设计开发的一种图形化编程工具，利用它可以轻松创建自己的交互故事、动画、游戏、音乐等。Scratch采用的是简易图形化、可视化编程方式，它让编程变得像搭积木一样简单，只需要采用拖拽、组合的方式就能轻松实现。

（2）Scratch的发展

Scratch 1.x 采用Smalltalk编写。Smalltalk提出一个语言学习顺序，其中每种语言都被设计成下一种语言的入门和基础。这个顺序是：Scratch-Etoys-Squeak-任意Smalltalk。在学习的过程中，每一种语言都提供了图形化的编程环境，不仅可用于教会孩子们一些编程的概念，而且还包含物理和数学知识的模拟及讲述故事的一些练习。

Scratch 2.0采用Flash编写，支持矢量图，分为在线版和离线版。在线版允许直接在Web浏览器里创建、编辑和查看项目（不再需要上传、下载项目或者安装其他软件），可以使用云变量。离线版则只能在本地制作程序，无法使用云变量。

Scratch 3.0采用HTML5编写，HTML5是最新的HTML、CSS和JavaScript的总和。Scratch 3.0使用了基于WebGL、Web Workers和Web Audio等JavaScript技术栈。JavaScript作为一种广泛支持的编程语言，原生兼容所有主流浏览器，它与WebGL的结合更能有效实现跨平台运行。该语言经过严格技术选型，最终被采用的关键原因在于：JavaScript无须任何额外插件即可直接在浏览器环境中执行。

（3）Scratch安装介绍

Scratch安装介绍详见微课1-1。

2.编程软件结构及基本使用

Scratch界面分为六个区域，它们包括：菜单栏、舞台区、背景区、角色区、代码区、模块区，如图1-2所示。

图1-2　Scratch界面

（1）菜单栏

菜单栏里有语言选择、文件菜单、教程菜单及作品名称等。

（2）舞台区

舞台是故事发生的场所，舞台由背景和角色组成。编写的程序会在这里演示，通过舞台区来设计故事或者设计游戏场景，预览所编写程序的效果，可以运行和停止程序。

（3）背景区

可以用背景图片渲染故事发生的场景。背景区的功能是用来选择或者加工背景图，也可以自己上传背景图片，背景图允许有多个。默认情况下，背景区是一个白色的矩形区域，可以通过外观模块来修改背景的显示状态。

（4）角色区

程序中所有角色都会在此区域列出。角色分为人物、动物、道具等。默认角色都是一个小黄猫，可以根据故事的需要增加或减少角色。

（5）代码区

代码区就是放"积木"的区域，是为角色或背景编写程序的地方。Scratch作为一门图形化编程语言，可以自由选择命令积木，从模块区中拖动相应的命令积木到代码区，按照设计需求像搭积木一样把它们组合起来，形成一个完整的程序。

（6）模块区

Scratch有多个模块区，超一百个常用的命令积木，通过它们可以编制程序、设置角色或背景，其中常见的有运动、控制、外观、声音、侦测、运算、画笔、变量等模块，除了这些常用模块以外，也可以添加选择左下方提供的拓展模块。

小猫穿越

制作"小猫穿越"动画，需要先进行故事分析，得到故事的动画流程，然后再按照流程进行动画程序设计，具体流程如下。

第一步：小猫出现在舞台左下角。

第二步：小猫一直向右走，穿越卧室来到草地。

第三步：当小猫碰到舞台边缘时发出叫声。

让小猫穿越的动画，需要用到添加角色，添加舞台背景，使用运动、外观、声音模块中的命令积木来完成编程任务。

1）先添加舞台背景，单击"选择一个背景"按钮，打开"选择一个背景"页面，如图1-3所示。选择Bedroom3背景，该背景就出现在背景编辑区左侧。

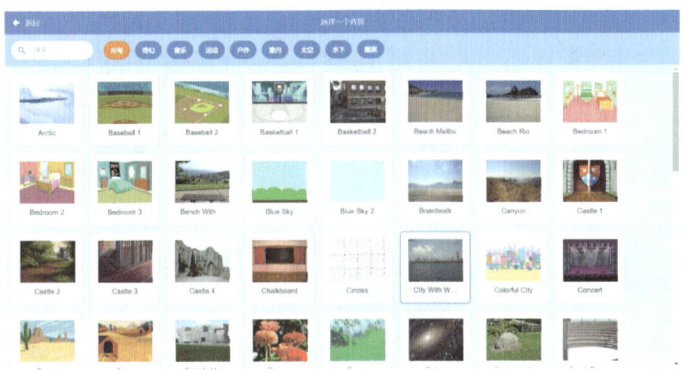

图1-3 舞台背景

2）用同样的方法再添加Hay Field背景。单击白色背景右上角的"垃圾箱"图标即可删除默认的白色背景，结果如图1-4所示。

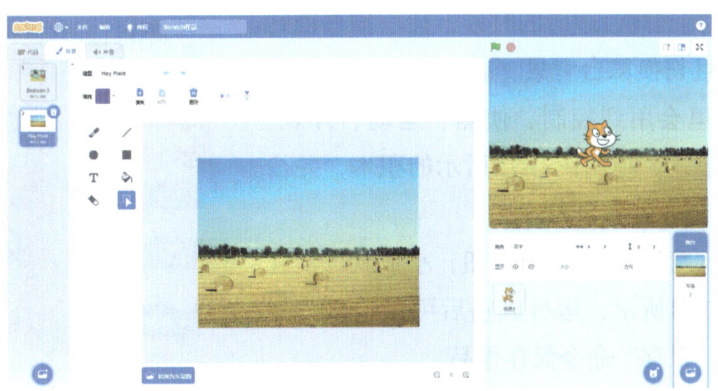

图1-4 添加Hay Field背景

3）用鼠标将小猫移到舞台的左下角，可以看到"背景"选项卡切换成"造型"选项卡，在该选项卡中显示了小猫角色的两个造型，如图1-5所示。

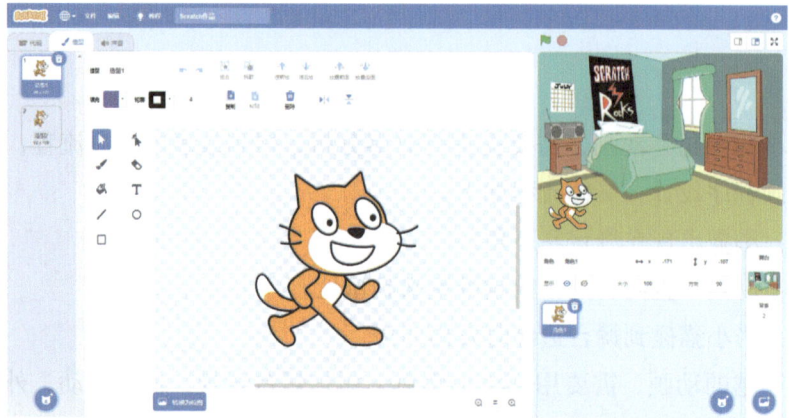

图1-5 "造型"选项卡

4）单击"代码"选项卡，如图1-6所示，在各模块中选择相应的积木，拖入代码区，并组合起来，即可实现小猫奔跑的效果。

图1-6 "代码"选项卡

5）当小猫跑到舞台边缘的时候，让小猫移动到起点位置，并且切换舞台背景，就可以实现小猫穿越的效果，这里会用到控制、侦测、运动、外观、声音模块中的积木，拖出图1-7a所示的积木，并按图1-7b所示组合各命令积木。

6）单击舞台区上方的运行按钮，小猫就可实现穿越了，如图1-8所示，运行成功后可以单击"文件"菜单下的"保存"命令保存作品。

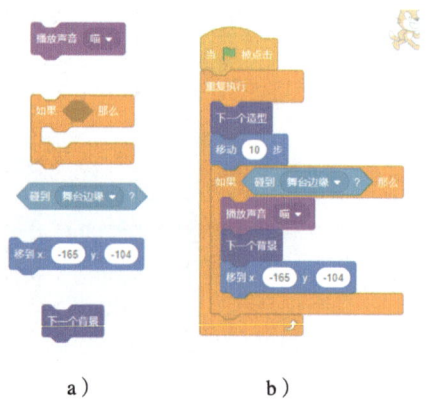

a）　　　　b）

图1-7 组合命令积木

图1-8 穿越效果

（二）运动模块

1.移动类积木汇总（见表1-1）

微课1-2
运动模块

表1-1 移动类积木汇总表

标签	功能
移动 10 步	角色在初始朝向往前移动若干步
移到 随机位置 ▼	将角色移动到舞台的随机位置
移到 鼠标指针 ▼	角色会移动到鼠标所在的位置
移到 x: 0 y: 0	角色移动到指定坐标（x, y）
在 1 秒内滑行到 随机位置 ▼	在若干时间（秒）内滑行到随机位置
在 1 秒内滑行到 x: 0 y: 0	若干时间（秒）内滑行到指定坐标（x, y）

学习案例 02　　小猫追赶

制作"小猫追赶"游戏，具体步骤如下。

1）首先单击"选择一个角色"按钮，进入页面，先添加一个小狗角色，然后把当前背景更换为Beach Malibu，更换成功后将小猫和小狗两个角色按图1-9所示位置摆放。

2）实现小猫去追赶小狗，首先单击小猫角色，编写小猫的代码，如图1-10所示。

3）实现小狗的随机位置移动，代码如图1-11所示。

4）单击舞台区上方的运行按钮，就可以实现小猫对小狗的追赶了，运行结果如图1-12所示，运行成功后可以单击"文件"菜单下的"保存"命令保存作品。

图1-9 摆放角色

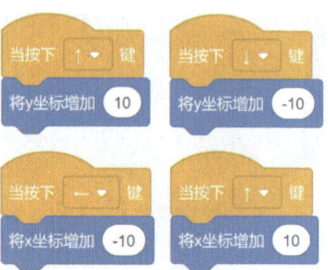

图1-10 编写代码

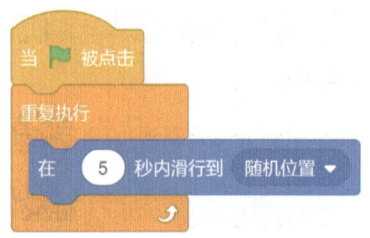

图1-11 小狗随机移动操作

图1-12 小狗随机移动运行结果

2．面向类积木汇总（见表1-2）

表1-2 面向类积木汇总表

标签	功能
面向 90 方向	控制角色在舞台中的上下左右朝向
面向 鼠标指针	控制角色朝向鼠标指针所指方向

3．旋转类积木汇总（见表1-3）

表1-3 旋转类积木汇总表

标签	功能
左转 15 度	使角色向左旋转一定的角度（填入的角度值）
右转 15 度	使角色向右旋转一定的角度（填入的角度值）

4．旋转方式（见表1-4）

表1-4 旋转方式汇总表

标签	功能
碰到边缘就反弹	角色触碰到舞台边缘，就会反弹回来，不会走出舞台的范围
将旋转方式设为 左右翻转	分为三种：左右旋转、不可旋转及任意旋转

5. 实现上下左右移动（见表1-5）

表1-5　实现上下左右移动汇总表

标签	功能
将y坐标增加 10	改变y坐标的值，y的值为正数就是向上移动，反之就是向下移动
将x坐标增加 10	改变x坐标的值，x的值为正数就是向右移动，反之就是向左移动
将x坐标设为 10	把舞台区的角色固定在舞台的某一个x坐标
将y坐标设为 86	把舞台区的角色固定在舞台的某一个y坐标

6. 三个变量（见表1-6）

表1-6　变量汇总表

标签	功能
x坐标　角色1: x坐标 -85	指当前角色水平位置的值，勾选后会在舞台区域显示
y坐标　角色1: y坐标 86	指当前角色垂直位置的值，勾选后会在舞台区域显示
方向　角色1: 方向 0	指当前角色的一个朝向，勾选后会在舞台区域显示

学习案例 03　　　弹力球

制作"弹力球"动画，具体步骤如下。

1）首先单击"选择一个角色"按钮，进入页面，先添加一个篮球角色，然后上传砖块角色、弹力球挡板角色、水角色、通关失败和通关成功角色，更换舞台背景为Arctic，如图1-13所示。

2）编写Basketball角色程序代码，如图1-14所示，新建变量broken，程序开始运行，将broken变量的值设置为6，再将变量broken进行隐藏，对角色位置进行初始化，其中x坐标为0，y坐标为100，设置将角色面向135和225之间取随机数的方向。然后重复执行程序，角色移动5步，如果碰到了挡板，那么面向-75和75之间取随机数的方向，如果碰到舞台边缘，那么设置碰到边缘就反弹。如果角色碰到了水，那么广播消息"lost"（新建消息）。

3）编写砖块角色程序代码（每个砖块角色代码相同），如图1-15所示，当程序运行时，显示当前角色，然后重复执行，如果碰到了Basketball角色，那么隐藏当前角色，然后将变量broken的值减1，如果变量broken的值等于0，那么广播消息"OK"（新建消息）。

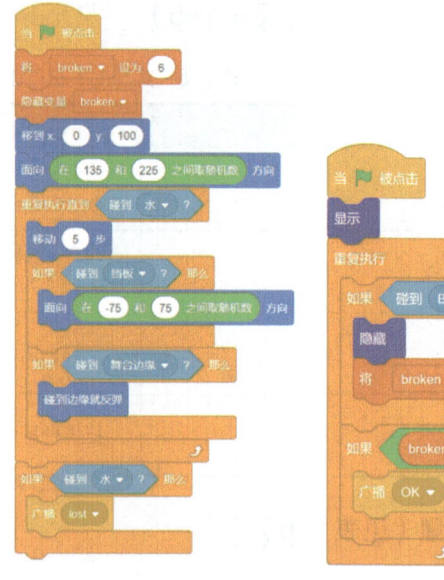

图1-13　角色效果展示　　　图1-14　Basketball角色程序代码　图1-15　砖块角色程序代码

4）编写挡板角色程序代码如图1-16所示，当按下键盘→键时，重复执行直到按下鼠标左键，将角色的x坐标增加5，如果x坐标大于240，那么将x坐标设置为240。当按下键盘←键时，重复执行直到按下鼠标右键，将角色的x坐标增加-5，如果x坐标小于-240，那么将x坐标设置为-240。

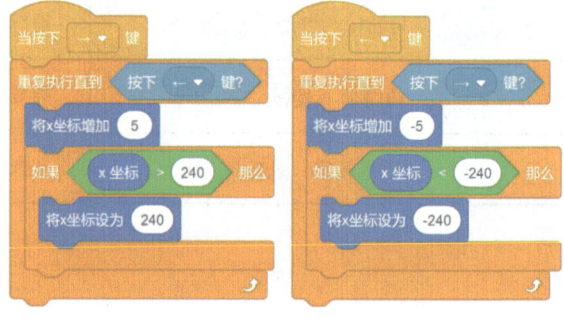

图1-16　挡板角色程序代码

5）编写通关成功角色Starlish程序代码如图1-17所示，程序运行开始，隐藏当前角色，当接收到消息"OK"时再显示当前角色，然后停止全部脚本。

6）编写通关失败角色Bear程序代码如图1-18所示，程序运行开始，隐藏当前角色，当接收到消息"lost"时再显示当前角色，然后停止全部脚本。

7）运行程序如图1-19所示，从左至右依次展示游戏开始、游戏失败、游戏成功。

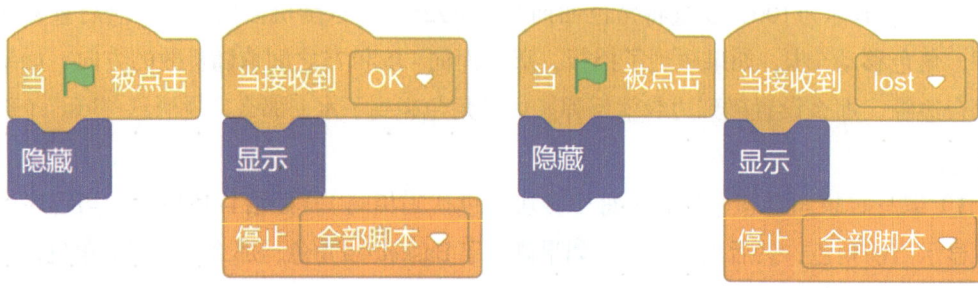

图1-17　Starlish角色程序代码　　　图1-18　Bear角色程序代码

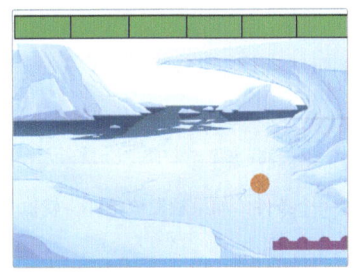  

图1-19 程序运行展示

 微课1-3 循环等待  微课1-4 判断控制  微课1-5 克隆

（三）控制模块

1. 循环控制（见表1-7）

表1-7 循环控制汇总表

标签	功能
重复执行	重复做某件事情，例如旋转、切换造型、播放声音等
重复执行 10 次	限制执行次数，当执行完规定次数后就结束重复执行
重复执行直到	重复做某件事情直到触发某条件（六边形框中的模块）就停止

2. 等待控制（见表1-8）

表1-8 等待控制汇总表

标签	功能
等待 1 秒	执行事件时等待若干秒
等待	等待满足触发某条件（六边形框中的模块）时才执行事件

3.判断控制(见表1-9)

表1-9 判断控制汇总表

标签	功能
如果 那么	六边形框中设置一个条件,如果触发该条件,就执行嵌入其中的模块
如果 那么 否则	六边形框中设置一个条件,如果触发该条件,就执行第一个空白区域嵌入的模块,否则执行第二个空白区域嵌入的模块

4.克隆(见表1-10)

表1-10 克隆汇总表

标签	功能
克隆 自己	创建出自己或其他角色的克隆体
当作为克隆体启动时	用于克隆体执行一些操作,可以用来定义克隆体执行的代码块
删除此克隆体	删除克隆体

学习案例 04　海底世界

制作"海底世界"动画,具体步骤如下。

1)添加鱼类角色,先将角色区的小猫角色删除,从角色库中查找并添加Shark和Fish两个角色,如图1-20所示。

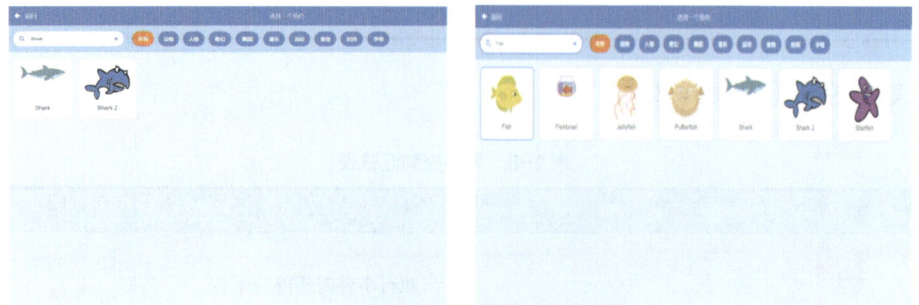

图1-20 添加Shark和Fish两个角色

2)删除多余的背景,并且找到Underwater2背景,添加到背景区,如图1-21所示。

3)给Fish角色编写程序。Fish角色实现的效果是被单击后,不停地往前游动,同时切换不同的造型。首先选择Fish角色，然后在各模块中选择积木，并把这些积木都拖入代码区，如图1-22所示进行组合。

4）给Fish角色添加对话。如果小鱼碰到鲨鱼，小鱼就说："快跑"，并持续0.1秒，否则说："没鲨鱼"，并持续0.1秒。如图1-23所示，依次将各积木拖到代码区内，并进行组合。

图1-21　添加Underwater2背景

图1-22　Fish角色游动操作

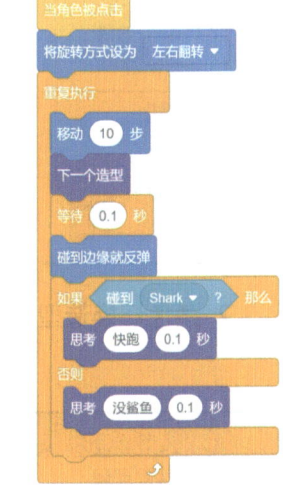
图1-23　Fish角色对话添加

5）给Shark角色编写程序。Shark角色实现的效果是被单击后，不停地往前游动，同时切换不同的造型。与Fish不同的是Shark的移动步数比Fish少，并且Shark如果碰到Fish，Shark就说："好饿"，并持续0.1秒，否则说："Fish"，并持续0.1秒，代码如图1-24所示。

6）单击Fish和Shark，它们就可以游动起来了，运行结果如图1-25所示，运行成功后单击"文件"菜单下的"保存"命令保存作品。

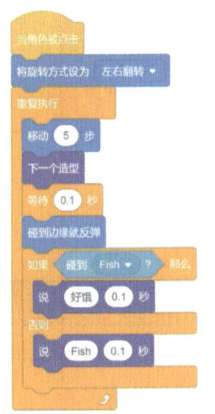
图1-24　Shark角色操作

图1-25　Fish和Shark运行展示

（四）外观模块

1. 思考说话模块（见表1-11）

微课1-6
外观模块

表1-11 思考说话模块汇总表

标签	功能
说 你好!	让角色持续说出某句话，显示在角色的右上方
说 你好! 2 秒	让角色说出某句话并显示若干秒，显示在角色的右上方
思考 嗯……	让角色持续思考某句话，思考时会冒出几个小泡泡，显示在角色的右上方
思考 嗯…… 2 秒	让角色思考某句话并显示若干秒，思考时会冒出几个小泡泡，显示在角色的右上方

2. 角色切换造型（见表1-12）

表1-12 角色切换造型汇总表

标签	功能
换成 造型2 造型	角色有多个造型的时候可以通过这个指令切换到某个指定的造型
下一个造型	默认首先会是角色的第一个造型，之后会在角色所有的造型之间按顺序切换，最后一个造型之后又会切换到第一个造型，依次反复

3. 舞台背景切换（见表1-13）

表1-13 舞台背景切换汇总表

标签	功能
换成 背景1 背景	舞台有多个背景时，使用之后会将当前背景切换到指定的那个背景
下一个背景	会在背景之间按顺序切换，最后一个背景之后又会切换到第一个背景，依次反复

4. 改变角色大小（见表1-14）

表1-14 改变角色大小汇总表

标签	功能
将大小增加 10	椭圆形框中的数为正数的时候，角色会逐步慢慢变大；相反，为负数的时候，角色就会慢慢变小
将大小设为 100	设置角色大小，也可在程序中途指定角色的大小

5.图形特效（见表1-15）

表1-15 图形特效汇总表

标签	功能
将 颜色 特效增加 25	通过下拉菜单选择具体的特效，并在当前特效的基础上进行调整；既可以增加或减少特效数值，也可以直接设定特定的特效参数值
（角色造型展示）	特效效果：清除图形特效（初始状态）、颜色、鱼眼、漩涡、像素化、马赛克、虚像、亮度八种特效
清除图形特效	清除特效
显示	角色会在舞台显示出来，默认角色是显示的
隐藏	使用之后角色会在舞台消失不见
移到最 前面	将选定的角色移动到所有角色的最前面，以及除舞台背景外的最后面
前移 1 层	将角色向前/后移动具体的层数
造型 编号	角色有时候会有多个造型，可以通过这个造型编号/名称指令获取和使用具体某一个造型
背景 编号	背景有时候会有多个，可以通过背景编号/名称指令获取和使用具体某一个背景
大小 角色1：大小 100	可以获取当前角色的大小

学习案例 05

小鸭子和霸王龙的对话

制作"小鸭子和霸王龙的对话"动画，具体步骤如下。

1）首先将默认的小猫角色删除，再选择一个Duck小鸭子和Dinosaur5 霸王龙，将这两个角色放在舞台两端，如图1-26所示。

图1-26 小鸭子和霸王龙角色展示

2）编写小鸭子的代码。编写滑行和说话的代码，积木组合如图1-27所示。

3）编写霸王龙的代码。实现霸王龙的滑行和说话与小鸭子的代码相似，只是现在霸王龙说的是"我是最凶猛的霸王龙!",积木组合如图1-28所示。

图1-27　小鸭子角色代码　　　图1-28　霸王龙角色代码

4)按下键盘↑键开始运行,就可以看到小鸭子和霸王龙的对话了,如图1-29所示,运行成功后可以单击"文件"菜单下的"保存"命令保存作品。

图1-29　小鸭子和霸王龙对话运行展示

(五)声音模块

1.声音播放(见表1-16)

微课1-7　声音播放　　微课1-8　音量音效

表1-16　声音播放汇总表

标签	功能
播放声音 喵	播放"喵"声,可与其他模块同时进行
播放声音 喵 等待播完	角色会发出"喵"声,该模块后面的模块必须等待播完才可执行,除了播放"喵"声以外,还可以进入录制界面录制自定义声音

录制完成后即可进入下一步页面,在该页面可以实现声音的播放、音频截取、重新录制及保存,如图1-30所示。

单击"保存"按钮后进入声音编辑页面,在该页面可以对声音进行更进一步的编辑修改,如图1-31所示。

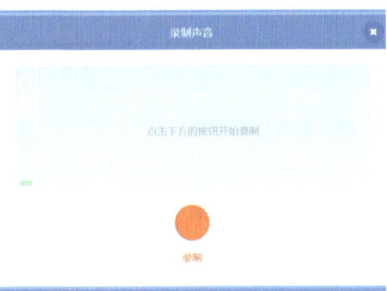
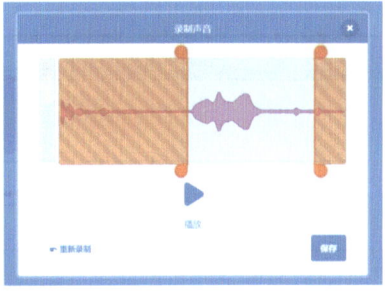

图1-30　录制界面

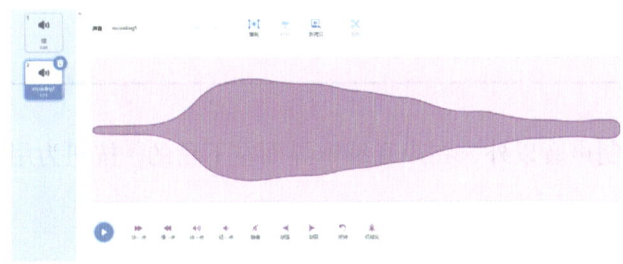

图1-31　声音编辑

该界面为用户提供了以下编辑修改功能（见表1-17）。

表1-17　录音声音编辑功能汇总表

标签	功能
↶ ↷	返回上一步/下一步操作
复制	复制某一节声音片段
粘贴	粘贴某一节声音片段
新拷贝	重新复制当前声音
删除	删除某一节声音片段
快一点	声音播放快一点
慢一点	声音播放慢一点
响一点	声音播放响一点
轻一点	声音播放轻一点
静音	声音播放静音

（续）

标签	功能
渐强	声音播放逐渐变强
渐弱	声音播放逐渐变弱
反转	声音反转播放
机械化	声音机械化播放

Scratch除了录制声音以外，在声音编辑界面左下角的 按钮为用户提供了以下声音功能（见表1-18）。

表1-18 声音功能汇总表

标签	功能
上传	上传声音文件
随机	随机从声音库中抽取
录制	录制声音
选择一个声音	从声音库中选择一个声音

Scratch提供了一个声音库供用户选择，用户可以通过搜索或者分类查找找到想要的声音，如图1-32所示。

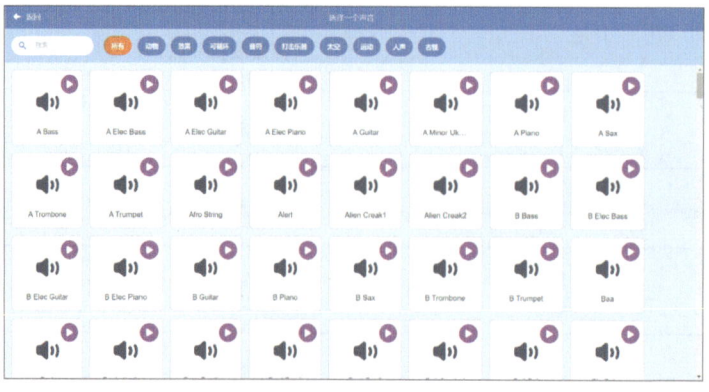

图1-32 声音库

2. 音调（见表1-19）

表1-19 音调汇总表

标签	功能
将 音调▼ 音效增加 10	在声音的原音调上增加音调，可在椭圆形框中自定义
将 音调▼ 音效设为 100	将播放声音的音调直接设置为指定数字，可在椭圆方框中自定义
清除音效	清除之前对播放声音的音效修改

3. 左右平衡音效（见表1-20）

表1-20 左右平衡音效汇总表

标签	功能
将 左右平衡▼ 音效增加 10	将平衡音效在原音效基础上增加指定数量，其中椭圆形框中指定负值代表增加左音效，正值代表增加右音效
将 左右平衡▼ 音效设为 100	将平衡音效设为指定数量，其中椭圆形框中指定负值代表左音效，正值代表右音效

4. 音量（见表1-21）

表1-21 音量汇总表

标签	功能
将音量增加 0	将播放声音的音量增加指定数量，其中椭圆形框中指定负值代表减少音量，正值代表增加音量
将音量设为 100 %	将播放声音的音量设为原音量的指定百分比，其中椭圆形框中指定的范围在0~100之间
 角色1：音量 100	显示当前播放声音的音量，音量的范围在0~100之间

学习案例 06

欢快的小猫

制作"欢快的小猫"动画，具体步骤如下。

1）首先切换默认的背景为Castle2背景，然后将小猫移动到舞台的中间位置，如图1-33a所示。

2）编写小猫说话和移动的代码，积木组合如图1-33b所示。

3）单击小猫即可看到一只边叫边说边移动的开心小猫了，运行结果如图1-34所示，运行成功后选择"文件"菜单下的"保存"命令保存作品。

a)　　　　　　　　b)

图1-33　小猫角色积木组合　　　　　　　图1-34　小猫运行展示

（六）侦测模块

1. 侦测运动积木组（见表1-22）

微课1-9
侦测模块

表1-22　侦测运动积木组汇总表

标签	功能
碰到 鼠标指针 ？	侦测角色碰到鼠标指针的一瞬间（下拉三角可选舞台边缘）
碰到颜色 ？	侦测角色碰到指定的颜色的一瞬间。可以通过色卡选择指定颜色
颜色 碰到 ？	侦测颜色1碰到颜色2的一瞬间。颜色1与颜色2都可通过色卡指定颜色
到 鼠标指针 的距离	侦测角色到鼠标指针的距离（若有多个角色，则通过下拉三角可以选择到其他角色的距离）

2. 侦测按键积木组（见表1-23）

表1-23　侦测按键积木组汇总表

标签	功能
按下 空格 键？	检测按键，可通过下拉三角切换不同按键
按下鼠标？	检测按下鼠标，指的是按下鼠标左键
鼠标的x坐标	侦测鼠标光标的x坐标值
鼠标的y坐标	侦测鼠标光标的y坐标值

（续）

标签	功能
将拖动模式设为 可拖动	在操作页面（包括编写页面舞台全屏与社区作品页，注意不是编写页面）时可控制角色能否用鼠标拖动
响度 7	侦测声音输入设备周围声音的响度（计算机要有声音输入设备），勾选后在舞台区即可查看响度值
计时器 1914.044	侦测从程序运行开始到此时的时间，时间的单位是秒，勾选后在舞台区即可查看计时器时间值
计时器归零	将计时器的时间值清零，运行程序时首先需要进行初始化，否则计时器会一直计时
舞台 的 背景编号	侦测当前舞台的背景图编号
Abby 的 x坐标（下拉：x坐标/y坐标/方向/造型编号/造型名称/大小/音量）	当添加了角色的时候，可以将舞台切换成其他角色，下拉三角提供了角色相对应的参数
当前时间的 年 2025	侦测当前时间年、月、日、时、分、秒（联网时获取网络准确时间，断网时获取本地时间），勾选后在舞台区即可查看当前时间
2000年至今的天数	计算从2000年到今天的天数值
用户名	获取计算机当前登录账户用户名（需要管理员权限），勾选后在舞台区即可查看当前用户

3.其他积木组（见表1-24）

表1-24　其他积木组汇总表

标签	功能
询问 你叫什么名字？ 并等待	角色发出询问，并在场景下边框弹出对话框，等待用户的输入回答
回答	实时侦测、监听用户所输入的回答

别碰红块

制作"别碰红块"动画，具体步骤如下。

1）小猫在玩游戏，要在不碰到红色正方形色块的情况下走到蓝色的正方形色块。首先删除默认空白背景，选择背景Blue sky2。如图1-35所示，绘制红色和蓝色正方形色块，把小猫放在图1-35所示的大致位置，设置小猫初始大小为60，初始坐标在（x：-180，y：0）。

2）编写小猫代码。如图1-36所示，将控制小猫左右上下移动的所有积木进行组合。

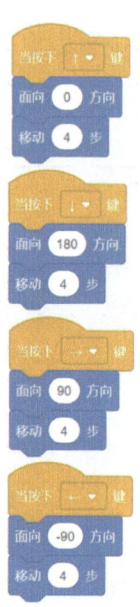

图1-35 小猫障碍设置　　　　图1-36 小猫障碍积木组合

然后将侦测小猫是否碰到红块的代码如图1-37所示组合起来。

3）单击舞台区上方的运行按钮，即可控制小猫开始避开红块往蓝块移动，运行结果如图1-38所示，运行成功后可以单击"文件"菜单下的"保存"命令保存作品。

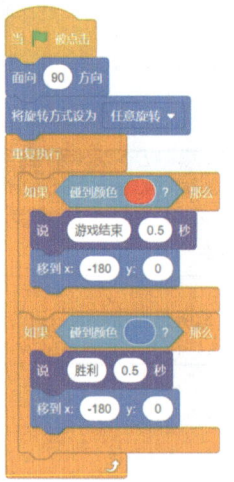

图1-37 方块检测　　　　图1-38 "别碰红块"运行展示

（七）运算模块

1. 数学运算符（见表1-25）

 微课1-10 数学运算

 微课1-11 逻辑运算

表1-25　数学运算符汇总表

标签	功能
◯ + ◯	加法运算
◯ - ◯	减法运算
◯ · ◯	乘法运算
◯ / ◯	除法运算
◯ 除以 ◯ 的余数	取余
四舍五入 ◯	四舍五入
绝对值 ◯	取绝对值

2. 取随机数（见表1-26）

表1-26　取随机数汇总表

标签	功能
在 1 和 10 之间取随机数	在两个自定义数之间生成随机数，当两个自定义数都为整数时则生成随机整数
在 1 和 9.9 之间取随机数	在两个自定义数之间生成随机数，当一端或两端为小数时则生成随机小数

3. 比较运算符（见表1-27）

表1-27　比较运算符汇总表

标签	功能
◯ > 50	比较一数是否大于另一数，正确返回true，错误返回false
◯ < 50	比较一数是否小于另一数，正确返回true，错误返回false
◯ = 50	比较两数是否相等，正确返回true，错误返回false

4. 逻辑运算符（见表1-28）

表1-28　逻辑运算符汇总表

标签	功能
◇ 与 ◇	积木两端条件同时满足的情况下返回true，反之返回false

标签	功能
或	积木两端条件满足任意一个或者都满足的情况下返回true，两端都不满足返回false
不成立	与六边形框中条件相反的情况下返回true

5. 字符串处理（见表1-29）

表1-29 字符串处理汇总表

标签	功能	举例
连接 苹果 和 香蕉	将积木两端文本进行拼接	连接 苹果 和 香蕉 / 苹果香蕉
苹果 的第 1 个字符	将积木输入文本的第n个字符取出来	苹果 的第 1 个字符 / 苹
苹果 的字符数	返回输入的文本字符数量	苹果 的字符数 / 2
苹果 包含 果 ？	判断文本是否包含某个字	苹果 包含 果 ？ / true

学习案例 08

鸡兔同笼

"鸡兔同笼"是我国古代数学著作《孙子算经》中的一个有趣而且具有深远影响的题目。"今有雉兔同笼，上有三十五头，下有九十四足，问雉兔各几何？"它是一个"解方程"问题的例子。假设有一些鸡和兔子共同住在一个笼子里，知道它们的头的总数及脚的总数，我们该如何计算出鸡和兔子的数量呢？

1）上传"鸡兔同笼"背景图片，在背景中制作2个背景，如图1-39所示。

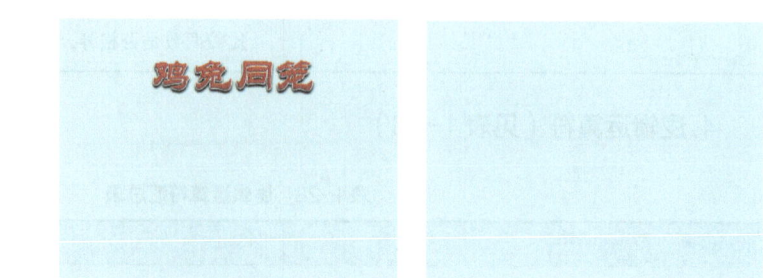

图1-39 背景上传与制作

2)上传所有角色,如图1-40所示。

图1-40 角色上传

3)doctor角色的造型制作如图1-41所示。

图1-41 角色造型制作

4)doctor角色代码如图1-42所示,程序开始切换"鸡兔同笼"舞台背景,切换doctor造型,将"鸡""兔""头""脚"这4个变量值设为0;将这4个变量进行隐藏,询问"头有多少个",等待回答,并将回答的值设为"头"变量的值;再询问"脚有多少只",等待回答,并将回答的值设为"脚"变量的值;将"兔"变量的值设定为"脚"与"头"的计算进行赋值,"鸡"的变量值设为"头"的数量减"兔"的数量,通过判断将切换不同的doctor造型与舞台背景。

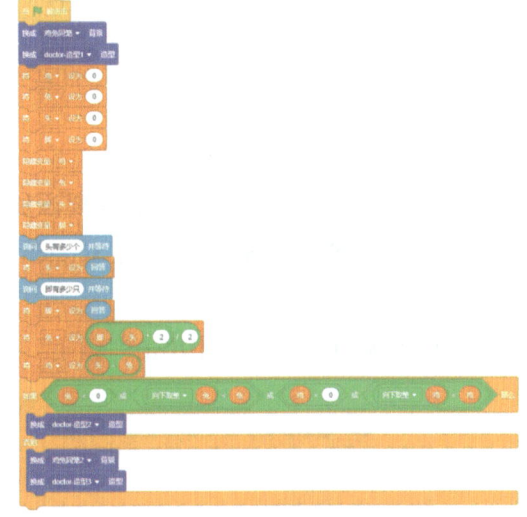

图1-42 doctor角色代码

5)"鸡""兔"角色代码如图1-43所示。

"鸡"角色代码,当角色被单击时,它会先隐藏,接着切换背景为"鸡兔同笼2",然后重新显示"鸡""头""脚"三个变量。

"兔"角色代码,当角色被单击时,它会先隐藏,接着切换背景为"鸡兔同笼2",然后重新显示变量"兔"。

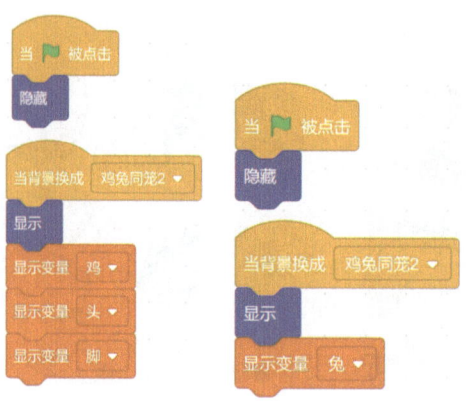

图1-43 "鸡""兔"角色代码

6)开始运行,在舞台会话框中输入"头"的数量,然后输入"脚"的数量,运行结果如图1-44所示,运行成功后可以单击"文件"菜单下的"保存"命令保存作品。

图1-44 "鸡兔同笼"运行展示

(八)画笔模块

微课1-12
画笔模块

1.画笔

画笔模块不是默认展示的,需要添加。

1)打开Scratch软件后,在Scratch界面的左下角单击添加模块图标,如图1-45所示。

2)然后在扩展列表中单击"画笔"模块,如图1-46所示。

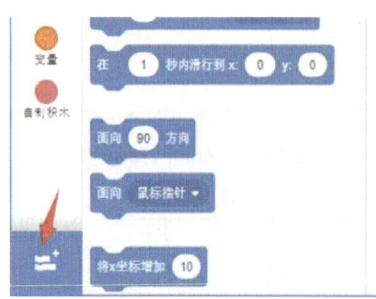 

图1-45 添加模块　　　　　　　图1-46 添加"画笔"模块

3）添加好后，"画笔"模块的积木就出现在Scratch界面上了，如图1-47所示。

图1-47 完成添加"画笔"模块

4）使用画笔。在编程中使用画笔，其实是看不到笔的，Scratch使用"画笔"模块中的积木来模拟画笔。"画笔"模块结合"运动"模块就可以实现画画。

画笔汇总见表1-30。

表1-30 画笔汇总表

标签	功能
全部擦除	清除舞台上绘制的所有东西
将笔的颜色设为	设定画笔颜色
将笔的 颜色 增加 10	增加画笔颜色值
将笔的 颜色 设为 50	设置画笔颜色值
将笔的粗细增加 1	增加笔尖的粗细值
将笔的粗细设为 1	设置笔尖的粗细值
落笔	把笔尖放在舞台上，通过角色移动可以画出线条
抬笔	抬起笔尖，这样角色移动是画不出线条的

2.图章（见表1-31）

表1-31 图章汇总表

标签	功能
	复制角色，图章复制出来的只是角色在舞台上的一张照片，它是没有自己的代码的

学习案例 09　　画图形

完成"画图形"，具体步骤如下。

1）分析案例需求。

角色：这个练习不需要显示角色，依然使用Scratch默认的角色小猫，但不显示这个角色。

内容：图形包括一个三角形和一个正方形。三角形是红色的等边三角形。正方形是蓝色的，与三角形的一条边重合，如图1-48所示。

2）程序设计。

第一步：初始化画笔。将画布擦除干净，设置笔尖粗细。

第二步：选择起点。因为三角形和正方形有一条边重合，可以选择其中一个重合的点为起点，这里选择三角形左边那个点（如图1-49所示黑圈内的点）为起点。

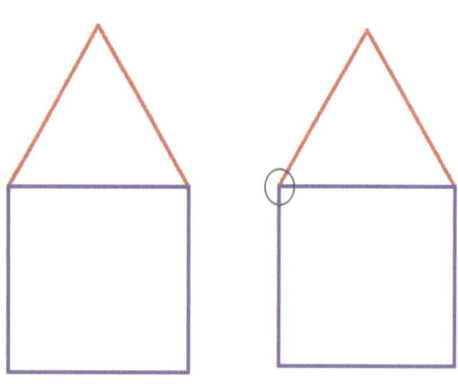

图1-48　图形示例1　　图1-49　图形示例2

第三步：将角色方向指向90°。

第四步：三角形为红色，设置画笔颜色为红色。

第五步：落笔画三角形。角色向指向方向移动150步，然后角色左转120°。三角形有3条边，所以重复这个步骤3次。

第六步：正方形为蓝色，设置画笔颜色为蓝色。

第七步：画正方形。角色向指向方向移动150步，然后角色右转90°。正方形有4条边，所以重复这个步骤4次。

第八步：抬笔，结束画画。

3）代码实现。首先由于运动需要角色，所以这个练习使用默认角色小猫，但由于这个练习并不需要显示角色，所以把角色设置为隐藏，如图1-50所示。将积木如图1-51所示进行组合。

图1-50　隐藏角色

4）单击舞台区上方的运行按钮，即可开始画图形，运行结果如图1-52所示，运行成功后可以单击"文件"菜单下的"保存"命令保存作品。

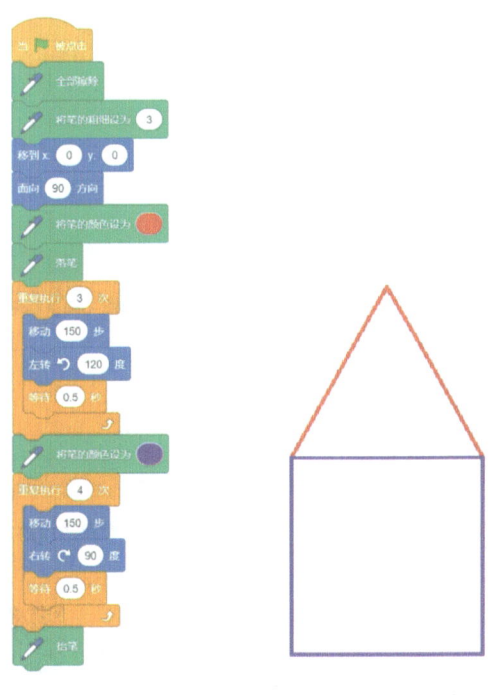

图1-51　组合积木　　　　图1-52　图形绘制

恐龙飞过冰河

制作"恐龙飞过冰河"动画，具体步骤如下。

1）分析案例需求。

角色：角色使用Scratch提供的角色Dinosaur3。

内容：一群恐龙飞过冰河上空，由于图不是动态的，也就是说每只恐龙都没有自己的动作，所以只需要使用图章来复制恐龙就行了；每只恐龙出现的位置随机；每只恐龙的造型利用循环积木控制分配。

2）程序设计。

第一步：初始化舞台，准备一个干净的舞台背景。

第二步：使用"画笔"模块的图章积木复印角色。

第三步：然后给复制的图形换一个造型，并移动到随机位置。

第四步：用图章继续复制角色，并重复第三步。

3）代码实现。将所有积木如图1-53所示进行组合。

4）单击舞台区上方的运行按钮，即可看到恐龙飞过冰河的效果图，运行结果如图1-54所示，运行成功后可以单击"文件"菜单下的"保存"命令保存作品。

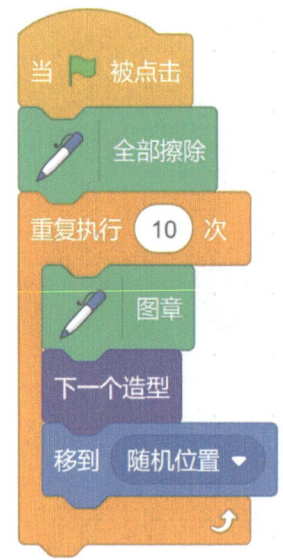

图1-53 "恐龙飞过冰河"组合积木　　图1-54 "恐龙飞过冰河"运行展示

（九）变量模块

1. 变量（见表1-32）

表1-32 变量汇总表

标签	功能
将 我的变量 设为 0	对变量进行赋值，单击"我的变量"会弹出一个下拉列表框，可以选择要赋值的变量

（续）

标签	功能
将 我的变量 增加 1	变量是数字，可增加变量的值
我的变量	勾选在舞台区查看变量的值
显示变量 我的变量	控制各个变量的显示
隐藏变量 我的变量	控制各个变量的隐藏

2. 列表（见表1-33）

Scratch中的列表可以看作是一个只有一列的表格，如果只记录一个值，变量是最合适的。但如果想记录很多值，还使用变量，就会因为变量太多而变得混乱，这个时候列表就最合适了。举个例子：老师想记录自己班上同学的名字，如果一个名字一张纸，就会很乱，但如果老师把同学名字都记录在一张纸上，就会方便很多。记录所有同学名字的纸就可以看作是列表。

表1-33 列表汇总表

标签	功能
将 东西 加入 1	将数据添加到列表中，从下拉菜单中可选择要加入的列表
删除 1 的第 1 项	删除列表的第一项数据
删除 1个新列表 的全部项目	删除列表中所有的数据，等同于清空列表数据
在 1个新列表 的第 1 项前插入 东西	对列表进行插入数据的操作，并且插入数据的位置可以自定义
在 1个新列表 的第 1 项前插入 东西	替换列表的某一项数据
1个新列表 的第 1 项	获取列表中某一项的数据
1个新列表 中第一个 东西 的编号	获取列表中指定数据的第一个编号
1个新列表 的项目数	获取列表的项目数，等同于列表的数据长度
1个新列表 包含 东西 ?	判断列表中是否包含某个数据
显示列表 1个新列表	控制指定列表的显示
隐藏列表 1个新列表	控制指定列表的隐藏

列表也属于一种变量，是一种栈结构的变量。所谓栈结构，它是有顺序，并且可以通过索引进行查找的，列表的常用用法就是：增加一项（顺序加入，加入最后一项）/插入一项（插入到某一项最后）/根据索引查找（某项）/删除（某一项或全部）。在Scratch中，可以在模块区的变量区域查看列表操作，如图1-55所示。

（1）新增列表

首先单击 建立一个列表 按钮，弹出如图1-56所示的对话框，在输入框中输入新的列表名，输入框下面有两个单选项"适用于所有角色"和"仅适用于当前角色"，这里涉及的全局变量和局部变量与前面的变量是相同的。

（2）给列表赋值

新增一个新的列表后，可在舞台区查看到一个空的列表，在列表里直接添加内容，单击列表左下角的"+"图标，列表里会出现一个红色的输入框，输入列表内容，按Enter键，可以连续输入，如图1-57所示。

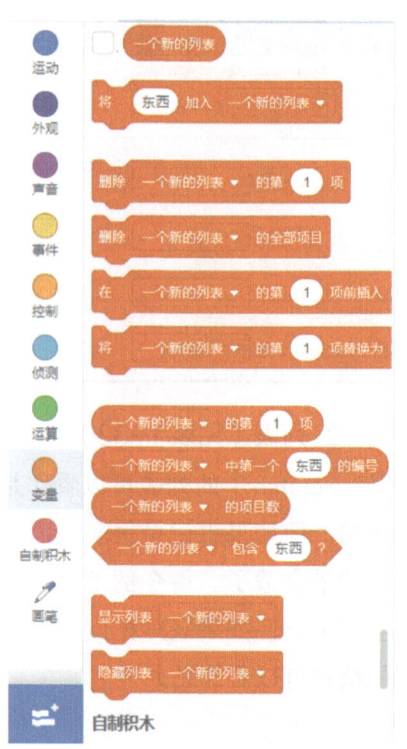

图1-55 列表

图1-56 新建列表

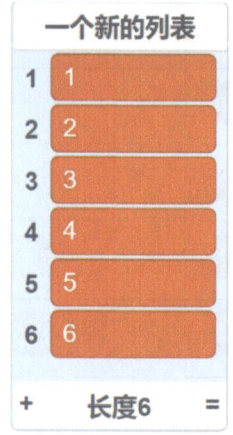

图1-57 一个新的列表

克隆小猫

制作"克隆小猫"动画，具体步骤如下。

1）分析案例需求。

角色：使用Scratch默认的角色小猫。

内容：克隆十只不同ID和品种的小猫。

2）程序设计。

第一步：新增一个名为ID的仅适用于当前角色的变量，新增一个名为"品种"的仅适用于当前角色的变量。

第二步：先将ID设为0，再循环克隆自己并把每个克隆体的ID加1，将"品种"设为小黄猫或小橘猫。

第三步：创建一个名为"提取ID"的适用于所有角色的变量，以及创建一个名为"提取品种"的适用于所有角色的变量。

第四步：添加一个单击模块，将克隆体ID设为"提取ID"，将品种设为"提取品种"，然后可以单击不同的小猫显示它自己的ID和品种。

3）代码实现。将所有积木如图1-58所示进行组合。

4）单击舞台区上方的运行按钮，即可开始克隆小猫，运行结果如图1-59所示，运行成功后选择"文件"菜单下的"保存"命令保存作品。

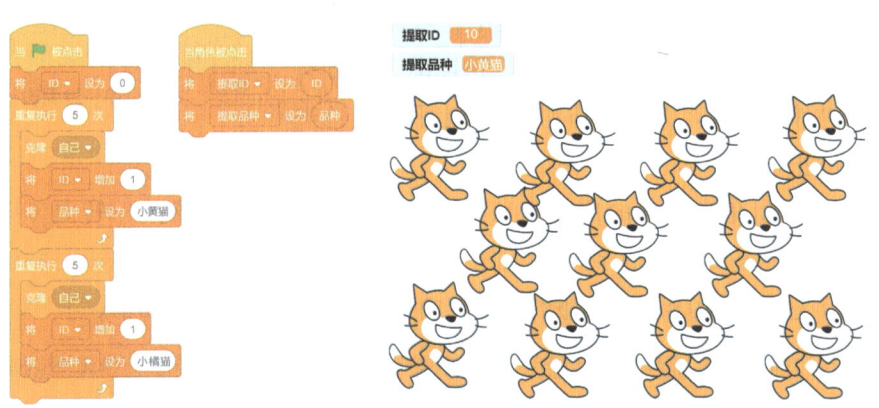

图1-58 "克隆小猫"组合积木　　　　图1-59 "克隆小猫"运行展示

四、项目需求分析

视障人士群体迫切需要能够有效辅助其行走的导航产品，项目需要实现以下功能。

1. 避障功能

实时检测前方障碍物，当距离障碍物较近时，通过振动或声音提醒用户。

2. 语音提示功能

通过语音技术，将导航信息实时传达给用户，方便用户理解和执行。

3. 计步功能

统计用户的步数。

五、项目实施

步骤1：界面设计

设置人物角色、障碍物石头、播报手机角色与舞台背景。

人物大小设置为100，障碍物石头大小设置为30，手机播报大小设置为20，如图1-60所示。

步骤2：代码设计

（1）人物角色程序代码设计

人物角色程序代码设计如图1-61所示。

当程序开始时，对人物的初始位置、大小及方向分别设为：移到x：-211，y：-46；大小设置为100；面向90°方向。重复执行对人物进行造型切换，然后进行移动1步的运动操作。如果在移动的过程中，触碰到了障碍物，那么播放"嘀嘀嘀"的警报声，并且说"前方有障碍物"，并维持1秒。然后广播消息1（让手机角色进行监听），停止这个脚本。

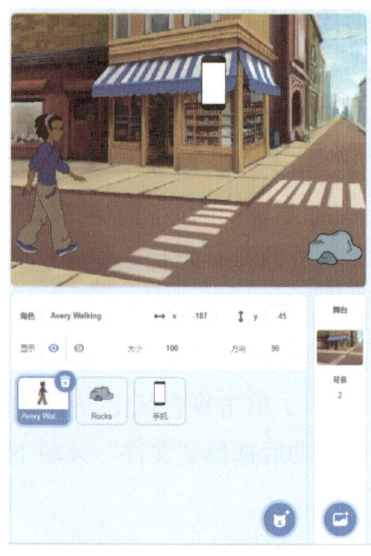

图1-60 界面设计

当接收到手机角色发送的广播消息2，对人物的面向方向进行0°转向（设置不旋转），设置人物的初始位置移到x：72，y：-131，然后重复执行移动1步，并将大小增加-0.2，将x坐标增加0.4。如果碰到了舞台的边缘，那么停止这个脚本。

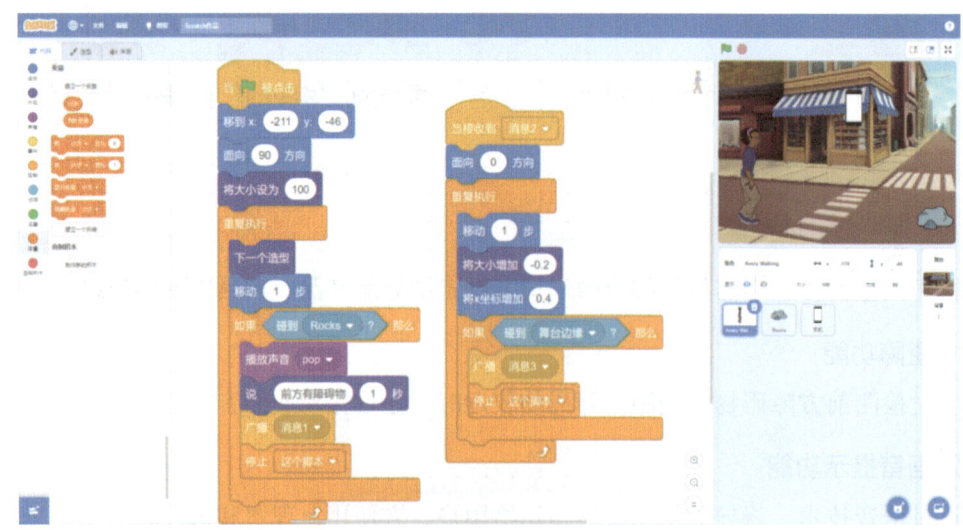

图1-61 人物角色程序代码设计

（2）手机角色程序代码设计

手机角色程序代码设计如图1-62所示。

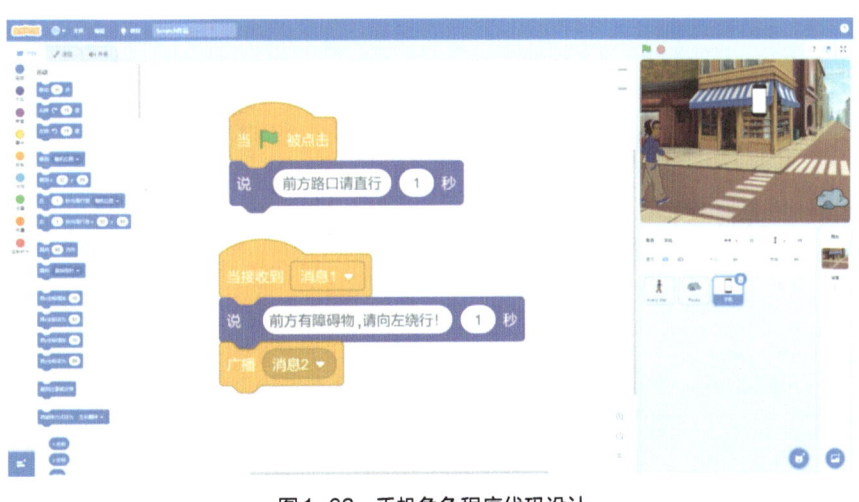

图1-62 手机角色程序代码设计

手机角色用于进行导航的操作,当程序启动时,对人物角色进行导航说"前方路口请直行!",维持1秒。当接收到人物角色发过来的广播消息1时,说"前方有障碍物,请向左绕行!",维持1秒,然后发送广播消息2。

(3)导盲鞋计步程序代码设计

新建"计步"变量用于统计人物角色的步数,在程序结束后,手机播报本次行程所走的步数,如图1-63所示。

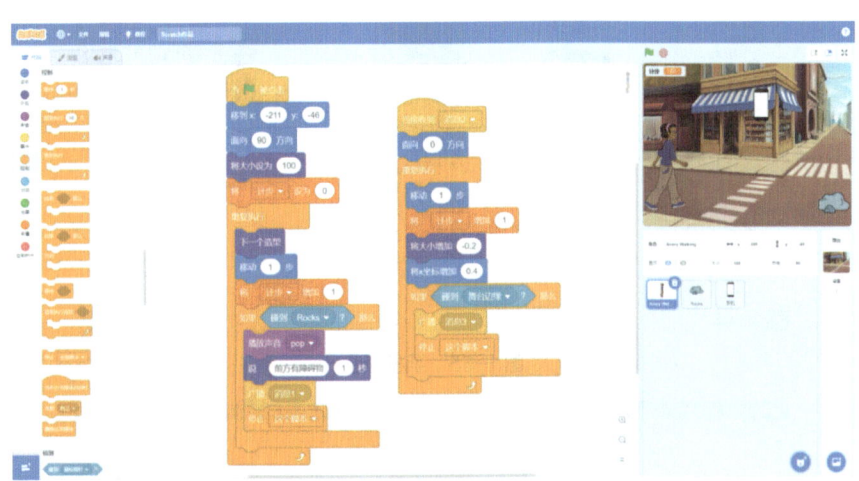

图1-63 计步程序程序代码设计

在变量中新建"计步"变量。在程序运行前首先需要把变量设为0,使每次行程之前把"计步"清空。在两个重复执行移动后拼接,将计步增加1。当手机角色接收到消息2时,如果检测碰到舞台边缘,就会新建广播消息3,用于触发手机对本次行程的计步播报。

当手机角色接收到消息3时,播报本次行程步数,然后结束本次行程(结束程序),如图1-64所示。

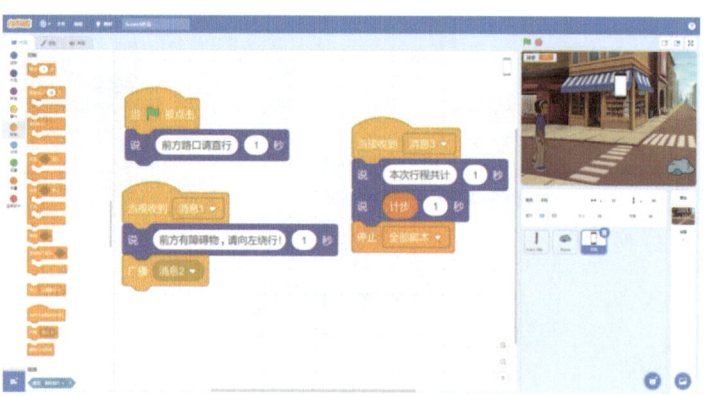

图 1-64　添加计步功能

六、项目展示

单击运行,手机角色会对人物角色进行导航,如图1-65所示,当人物移动前行当中,如果遇到了障碍物,鞋子会发出"嘀嘀嘀"的响声,并且手机会提示"前方有障碍物,请向左绕行!",如图1-66所示,在行程结束后,手机将会对本次行程的步数进行播报,如图1-67所示。

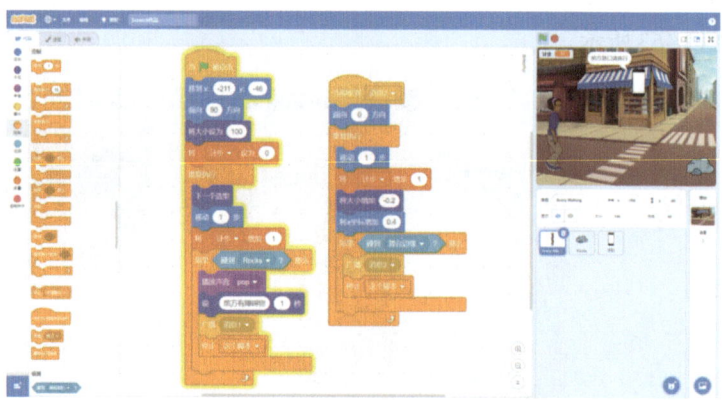

图 1-65　手机导航

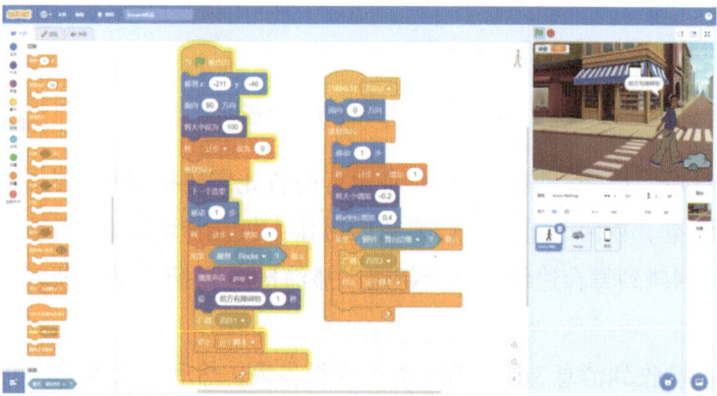

图 1-66　障碍物提示

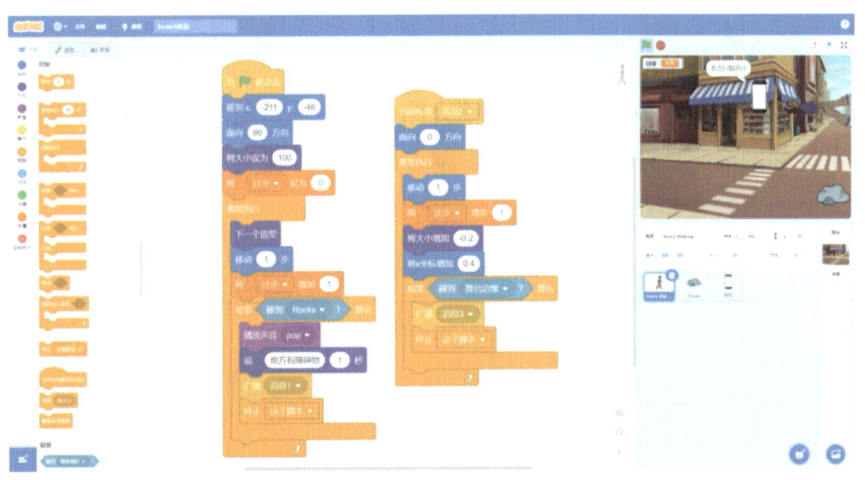

图 1-67 步数播报

七、项目拓展

Scratch 是一款面向青少年和初学者的编程语言，通过图形化编程界面，用户可以轻松地进行编程创作。如果想要拓展 Scratch 项目，可以考虑以下几个方向。

1）通过引入更多的硬件扩展模块，例如机器人、传感器等，进行更加丰富的物联网创作。

2）引入更多的游戏元素和游戏设计工具，例如角色动作、关卡编辑器等，增强 Scratch 在游戏设计方面的能力。

3）引入数据分析和可视化功能，例如图表绘制、数据分析等，进行创作。

4）引入社交和分享功能，分享作品，与其他用户交流创意和技术，促进 Scratch 社区的发展。

5）引入人工智能元素，例如机器学习、自然语言处理等，进行人工智能创作，增强 Scratch 在未来智能化领域的能力。

八、项目小结

本项目详细介绍了图形化编程工具 Scratch 的发展历史、软件结构和基本使用，然后针对 Scratch 的不同功能模块，详细讲解了各个功能模块的积木特点及积木的使用方法，并且提供了 11 个学习案例，让读者能够熟悉各个模块的实际使用场景、使用方法等。

九、在线测试

扫描二维码，完成本项目的在线测试题，完成后可查看答案。

十、创意项目池

要求：填写表1-34，对项目进行简单介绍，描述项目的来源或痛点，并为项目起一个令人印象深刻的名字；项目池里的项目越多越好。可视完成情况在班级内进行交流讨论和共享。

表1-34　创意项目池1

拟定项目1： 简要说明：
拟定项目2： 简要说明：
拟定项目3： 简要说明：

十一、项目工单

要求:创建团队(2~3人),选择创意项目池中的项目进行创意设计,并完成项目工单(见表1-35)。

表1-35 项目一工单

团队名称		成员姓名	
项目名称			
创意设计	环节1:创意项目思维导图绘制		
	环节2:项目元件连接图		
	环节3:项目逻辑简图		
	环节4:创意项目运营方案		

PROJECT 2
项目二 智能识别

知识目标
- 了解和认识当下热门的人工智能领域的发展历史。
- 了解人工智能领域的关键技术。

能力目标
- 能够描述人工智能的发展背景及关键技术。
- 能使用相关工具(如图像识别软件)实现简单智能识别功能。
- 能在指导下完成基于智能识别的应用设计并进行演示。

素质目标
- 培养学生对智能识别领域的创新意识,提高科学分析和创造精神。

一、项目情境

已掌握图形化编程的小李虽能复现案例项目,却难独立开发实用作品。学长针对性设计了人工智能基础导论知识,指导小李了解当前人工智能识别系统的发展历程、基本原理、主要应用领域以及技术内容,经此训练,小李逐步建立"问题定义→技术选型→工程实现"的创客思维体系。

二、项目准备

1.技术准备
请准备界面设计、程序代码编写。

2.思维导图
项目二实施流程思维导图如图2-1所示。

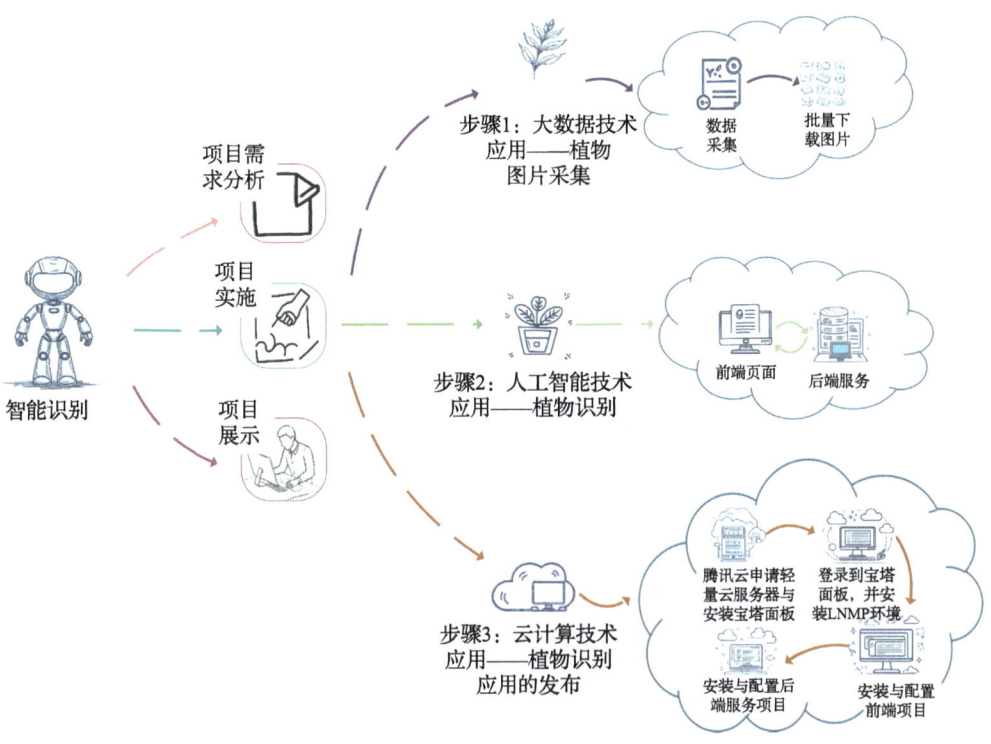

图2-1 项目二实施流程思维导图

三、相关知识点

（一）人工智能导论

微课2-1 人工智能定义

1.人工智能的定义

人工智能（Artificial Intelligence）简称AI，麻省理工学院的约翰·麦卡锡在1956年的达特茅斯会议上提出：人工智能就是要让机器的行为看起来就像是人所表现出的智能行为一样。但是这个定义似乎忽略了强人工智能的可能性。总体来讲，目前对人工智能的定义大多可划分为四类，即机器"像人一样思考""像人一样行动""理性地思考"和"理性地行动"。这里"行动"应广义地理解为采取行动，或制定行动的决策，而不是肢体动作。

2.人工智能的特征

（1）通过计算和数据，为人类提供服务

人工智能系统通过对数据的采集、加工、处理、分析，形成有价值的信息流和知识模型，来为人类提供延伸人类能力的服务。

（2）对外界环境进行感知，与人交互

人工智能系统能借助传感器等器件对外界环境（包括人类）进行感知，可以像人一样通过听觉、视觉、嗅觉、触觉等接收来自环境的各种信息，对外界输入产生文字、语音、表情、动作（控制执行机构）等必要的反应，甚至影响到环境或人类。借助于按钮、键盘、鼠标、屏幕、手势、体态、表情、力反馈、虚拟现实/增强现实等方式，人与机器间可以产生交互，使机器设备越来越"理解"人类，与人类共同协作、优势互补。这样，人工智能系统能够帮助人类做人类不擅长、不喜欢但机器能够完成的工作，而人类则适合于去做更需要创造性、洞察力、想象力、灵活性、多变性乃至用心领悟或需要感情的一些工作。

（3）拥有适应和学习特性，可以演化迭代

人工智能系统在理想情况下应具有一定的自适应特性和学习能力，即具有一定的随环境、数据或任务变化而自适应调节参数或更新优化模型的能力；并且能够在此基础上通过与云、端、人、物越来越广泛深入的数字化连接扩展，实现演化迭代，以使系统具有适应性、灵活性、扩展性，来应对不断变化的现实环境，从而使人工智能系统在各行各业产生丰富的应用。

3. 人工智能的发展

1956年，达特茅斯会议首次提出"人工智能"概念，奠定学科基石。

1957年，罗森布拉特发明感知机，开创神经网络雏形。

1970年，遭遇首次AI寒冬，符号逻辑研究因算力瓶颈遇冷。

1986年，辛顿突破反向传播算法，神经网络复兴，开启机器学习时代。

2000年前后，人工智能经历第二次AI寒冬，核心困境是技术预期与商业落地之间的巨大鸿沟。

2012年，AlexNet借GPU算力大幅提升图像识别精度，引爆深度学习革命。

2022年11月30日：OpenAI发布ChatGPT（基于GPT-3.5），首次实现自然语言对话的流畅生成，引爆全球生成式AI普及。之后人工智能以大语言模型（如GPT-4）为核心，多模态生成式AI重塑产业与生活，同时面临伦理对齐与可控性挑战。

人工智能发展历程如图2-2所示。

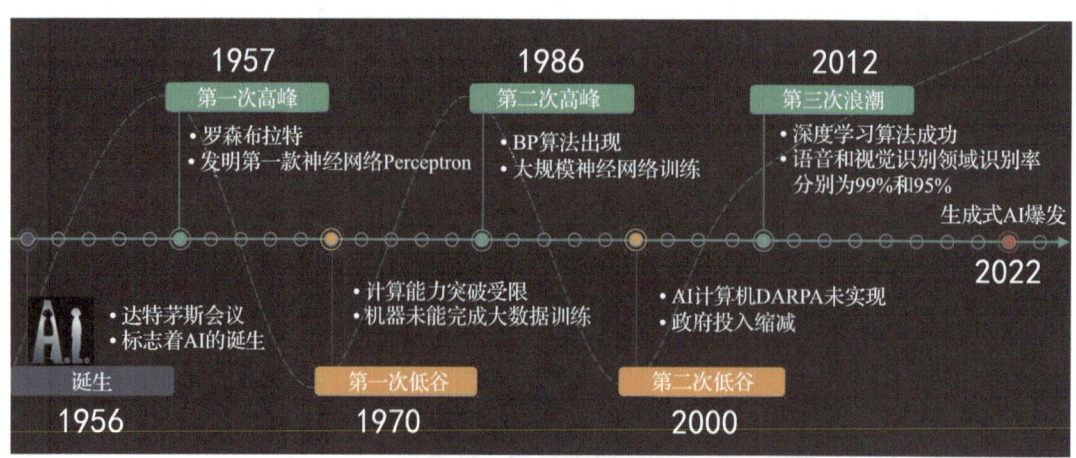

图2-2 人工智能发展历程

4. 国内人工智能发展前景

（1）产业进入深化落地期，规模持续扩张

历经早期爆发式增长，我国 AI 产业迈入技术落地与稳健增长新阶段。核心企业多脱离纯初创期，头部公司走向成熟上市或深耕细分领域。

人工智能市场规模保持快速扩张态势。根据中国信息通信研究院测算，2022 年我国人工智能核心产业规模达到了 5080 亿元，同比增长 18%。增速虽较峰值（20%~30%）回落，但受益于技术迭代（如大模型）、场景拓宽及政策支持，中长期增长动力强劲。

（2）竞争格局：巨头领跑生态，创新聚焦纵深

科技巨头与 AI 领军企业（百度、阿里、腾讯、华为、科大讯飞、商汤等）主导全栈布局，重点投入大模型（"百模大战"）及基础技术平台。

创业公司转向垂直行业应用（工业、医疗、金融等）、新兴技术创新（生成式 AI、边缘智能、安全）及生态协同，寻求差异化突破，计算机视觉早期主导格局被大模型应用浪潮重塑。

（3）产业链重心：基础层强化，"AI+"为核心价值场

基础层（芯片、算力、大模型）战略地位空前提升，关乎自主可控，成为国家与巨头战略投入重点。

"AI+"应用层是技术变现与产业变革主战场：

1）产业智能化：制造、城市、交通、能源效率革命。

2）企业服务：智能营销、客服、供应链优化普及。

3）AIGC：催生内容创作、交互体验新形态。

4）商业模式以 B/G 端解决方案为主力；C 端通过硬件生态加速渗透，潜力显现。

（4）投资聚焦三大高地

1）大模型及应用：资金最密集，涵盖基础模型、行业精调工具及 AIGC 应用开发。

2）智能驾驶：头部企业持续获大额融资，推动量产落地。

3）AI 硬科技：芯片、算力设施、机器人核心部件获战略资本关注。

5. 人工智能应用

（1）工业领域

1）汽车零部件：零部件厂商目前在检查零件磨损种类与等级情况时，多依赖有经验的人工。而通过采用深度学习算法，可以把人工检测经验转化为算法，实现无人化检测，高效准确。

2）电路板的辅助设计：任何一块原型板都存在与其他结构件配合装配的问题。所以，原型的外形和尺寸必须以产品整机结构为依据，另外还需要考虑生产工艺。层数方面，也需要根据电路性能要求、板尺寸和线路的密集程度而定。如果不是经验丰富的技术人员，很难设计出合适的多层板。通过机器学习，可以将技术人员的经验转化为模

型，从而提升电路板设计的效率与成功率。

3）无人驾驶：无人驾驶汽车是人工智能技术与汽车工业深度融合的产物。它通过集成AI算法、雷达系统、环境感知设备和全球定位系统（GPS），实现车辆的自主决策与控制，无须人为干预即可安全行驶。在这一过程中，人工智能扮演着核心角色。

（2）金融领域

1）支付：智能创新最前沿。作为与消费者连接最紧密的环节，智能金融对广大用户的支付需求影响最深。随着智能技术的进一步成熟，支付将进入"万物皆载体"的新阶段。

以人脸识别、声纹识别、虹膜识别等为代表的生物识别支付技术，正在简化支付流程。生物识别技术还在安防、商业、娱乐等场景得到广泛实践。

2）个人信贷：全链条智能化。针对不同类型的客户开发适合他们的信贷产品、提升客户体验，是金融业未来的努力方向。

继移动时代的场景流量后，从智能获客到智能反欺诈、再到大数据风控，全链条智能化的技术能力将成为个人信贷企业新的竞争力。通过智能获客，在获取具有信贷需求的客户基础上，借助智能技术构建强有力的风控体系，准确评估客户信用风险，成为促进个人信贷健康发展的重要环节。

3）企业信贷：新技术应用初显成效。在贸易融资、供应链金融、企业信用贷款等对公信贷业务方面，智能金融将起到完善企业信用体系、补充企业经营状况信息和降低放贷机构单据确权难度的作用。

4）财富管理：智能匹配初具雏形。智能技术在投资偏好洞察和投资资产匹配环节能极大降本提效，使财富管理逐渐走向中低净值人群，实现高效、低费，从而覆盖更广泛的目标。

5）资产管理：穿透资产底层试水期。资管市场产品多样，结构复杂，资产方、资金方具有较多痛点。智能技术将解决跨期资源配置中的信息不对称问题，全面提升资金和资产流通效率。

6）保险：行业变革的开启。智能技术在保险业的应用不断深化，逐渐涉足核心的产品设计和精算定价领域。智能核保基于大规模数据训练，以图像识别技术作为驱动，可智能分类并自动化评估，最终输出定损报告。一键式的自动化操作流程，大大节约了用户的时间和沟通成本。智能客服实现自动化服务和销售，降低人工成本。

（3）医疗领域

1）帮助医生提高医疗诊断速度、准确度，提高医生的供应量。

2）提高患者自查、自诊、自我管理的比例，降低患者对医生的需求量。

3）更早发现疾病，减少后续的医疗费用支出。

4）提高医疗机构、医生的工作效率，降低医疗成本。

5）优化医院管理水平，减少不合理的医疗支出。

6）帮助研发人员发现有价值的新药物，帮助医生对患者进行个性化分析和方案设计。

6. Mind+介绍

Mind+，全名Mindplus，诞生于2013年，是一款拥有自主知识产权的国产青少年编程软件，集成各种主流主控板及上百种开源硬件，支持人工智能与物联网功能，既可以拖动图形化积木编程，还可以使用Python/C/C++等高级编程语言。

Mind+的特点如下。

1）集成多种硬件。Mind+集成了各种主流主控板及上百种开源硬件，如Arduino、micro:bit、掌控板等，用户可以直接在软件中对这些硬件进行编程和控制。

2）支持人工智能与物联网功能。软件内置了对人工智能与物联网的支持，用户可以通过编程实现智能设备的互联和控制。

3）图形化编程。Mind+提供了图形化编程界面，用户只需要拖动图形化程序块即可完成编程，降低了编程的入门门槛，使得青少年能够更轻松地学习编程。

4）自动转换代码。在图形化编程的基础上，Mind+还可以自动将图形化程序块转换为Python/C/C++等高级编程语言代码，方便用户对照学习和进阶编程。

5）丰富的扩展库。Mind+拥有强大的硬件扩展功能库，直接使用即可对上百种硬件模块进行编程控制，同时还开放了扩展库，给用户提供了丰富的扩展空间。

语音问好

开发"语音问好"程序，具体步骤如下。

1）拖动积木块，完成如下程序，如图2-3所示。

2）当单击绿旗后，舞台显示声波图，对着计算机麦克风说出"你好"，等待片刻，将会得到回答"早上好呀"，如图2-4所示。

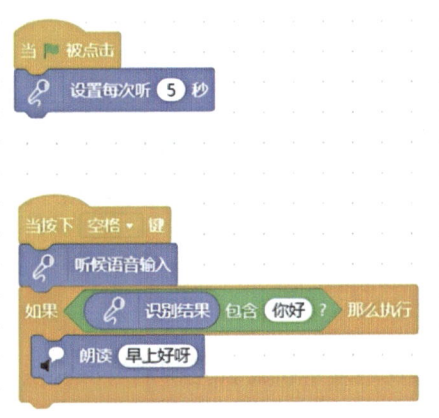

图2-3 积木程序

图2-4 "语音问好"运行展示

（二）智能识别

1. 计算机视觉

（1）计算机视觉的概念

计算机视觉是一种通过算法将静态图像或视频数据转化为决策或新的数据表达形式的技术，其所有处理过程均服务于特定的应用目标。

（2）机器视觉的发展背景

当计算机视觉的算法能力与工业需求结合，便催生了更具工程导向的机器视觉。作为人工智能的落地分支，机器视觉的核心是使用"机器眼"来代替人眼。机器视觉通过图像/视频采集装置，将采集到的图像/视频输入视觉算法中进行计算，最终得到人类需要的信息。这里提到的视觉算法有很多种，例如，传统的图像处理方法以及近年来发展的深度学习方法等。

图 2-5a 精心呈现了一个由丰富多彩的图像构成的、经过细致分类的数据集 Cifar10。在这个数据集中，涵盖了飞机、汽车、鸟、猫、鹿、狗、青蛙、马、船及卡车这十大类别，且每一类别均精心收录了 1000 张尺寸为 32×32 像素的精美彩色图片，构成了一个既全面又具代表性的图像库。

图 2-5b 则生动展示了多种算法在 Cifar10 数据集上的分类成效对比。深度学习为机器视觉领域带来了前所未有的变革，使得机器在图像分类等任务上具备了超越人类水平的潜力。

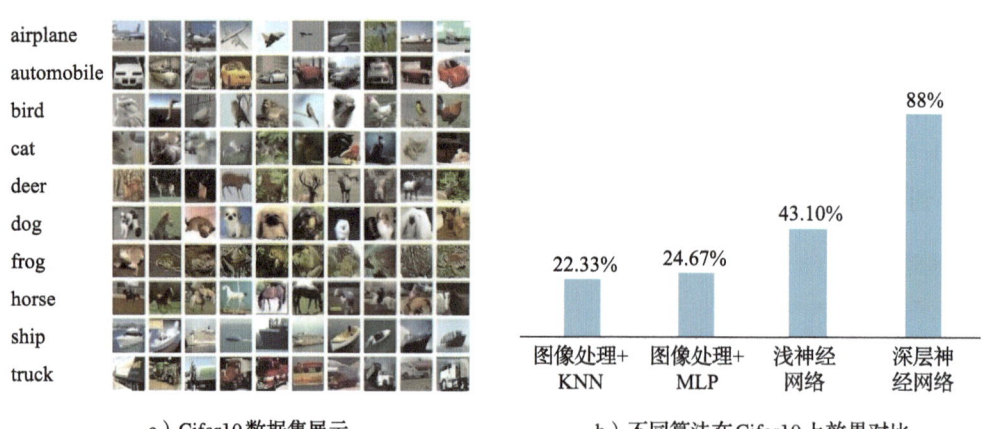

a) Cifar10 数据集展示　　　　b) 不同算法在 Cifar10 上效果对比

图 2-5　机器视觉展示

2. 机器视觉

下面介绍 9 个常见的应用场景，从中可以更直观地理解机器视觉都能解决哪些问题。

（1）人脸识别

人脸识别（Face Recognition）是基于人的面部特征信息进行身份识别的一种生物识

别技术。它通过采集含有人脸的图片或视频流，并在图片中自动检测和跟踪人脸，进而对检测到的人脸进行面部识别。人脸识别可提供图像或视频中的人脸检测定位、人脸属性识别、人脸比对、活体检测等功能。

人脸识别是机器视觉最成熟、最热门的领域，已经逐步超过指纹识别成为生物识别的主导技术。人脸识别分为4个处理过程——人脸图像采集及检测、人脸图像预处理、人脸图像特征提取以及匹配与识别，其主要应用场景见表2-1。

表2-1　人脸识别的主要应用场景

应用场景	说明
人脸支付	将人脸与用户的支付渠道绑定，支付阶段即可刷脸付款，无须出示银行卡、手机等，提高支付效率
人脸开卡	客户在银行等部门开卡时，可通过身份证和人脸识别进行身份校验，以防止他人借用身份证进行开卡
人脸登录	用户注册阶段录入人脸图片，在安全性要求较高的场景中启动人脸登录验证，以提高安全性
VIP人脸识别	通过人脸识别自动确定客户的身份，提供差异化服务
人脸签到	活动开始前录入人脸图片，活动当天即可通过刷脸进行签到，提高签到效率
人脸考勤	利用高精度的人脸识别、比对能力，搭建考勤系统，提升考勤效率，提高防作弊能力
人脸闸机	在机场、铁路、海关等场合利用人脸识别确定乘客身份
会员识别	会员到店无须出示会员凭证，只要刷脸即可完成会员身份验证，实现无卡化身份确认和人流统计
安防监控	在银行、机场、商场、市场等人流密集的公共场所对人群进行监控，实现人流自动统计、特定人物的自动识别和追踪
相册分类	通过人脸检测，自动识别照片库中的人物角色，并进行分类管理，提升产品的用户体验
人脸美颜	基于人脸检测和关键点识别，实现人脸的特效美颜、特效相机、贴片等互动娱乐功能

（2）视频监控分析

视频监控分析是利用机器视觉技术对视频中的特定内容信息进行快速检索、查询、分析的技术。由于摄像头的广泛应用，其产生的视频数据已是一个天文数字，这些数据蕴藏的价值巨大，靠人工根本无法统计，而机器视觉技术的逐步成熟，使得视频分析成为可能。通过这项技术，有关部门可以在海量的监控视频中搜寻到罪犯；在拥有大量流动人群的交通领域，该技术也被广泛应用于人群分析、防控预警等。城市治理是视频监控分析应用价值很高的领域之一，表2-2列举了一些典型的应用场景。

表2-2　视频监控分析的典型应用场景

应用场景	说明
交通拥堵治理	视频分析技术可用于进行车辆检测、车型识别、车牌识别、非机动车检测、行人检测、红绿灯识别、车辆排队长度、车辆通行速度、拥堵程度判断分析。识别、分析这些信息可用于实现交通态势预测和红绿灯优化配置，从而缓解交通拥堵指数，加快车辆通行速度，提升城市运行效率

(续)

应用场景	说明
异常事件检测与轨迹跟踪	视频分析技术可用于检测拥堵、逆行、违法停车、缓行、抛锚、事故、快速路上的行人和非机动车、路面抛洒物、路口行人大量聚集等异常交通事件。根据这些信息,一方面可以实时报警,由交警介入处理;另一方面,视频索引可以实现高效的以图搜图查询,通过车辆轨迹跟踪保留证据,实现非现场执法,节省大量警力,并提升交通管理的效率
平安城市情报搜集分析	视频分析技术可用于视频中动态人脸和基础人脸的实时比对,人群密度和不同方向人群流量的分析,智能研判、自动预警重点人员、重点车辆、重点物品在重点时间段出现在重点区域的有效线索,实现基于视频数据的案件串并与动态人员管控,为嫌疑人建立地理画像模型,提高主动防御、精确布控的水平,使从海量视频中追踪罪犯成为可能
厂区安全管理	视频分析技术可用于对厂区人员是否戴安全帽,是否在安全区域作业等安全管理问题进行分析,此技术还可应用于其他有安全管控需求的区域,如矿山安全管理、仓库管理等
门店客流分析	在商场或门店部署摄像装置,利用视频分析技术,可实现识别顾客身份、分析顾客行为、指导导购人员进行精准推荐、监控顾客异常行为等功能

(3)工业瑕疵检测

工业瑕疵检测是指利用传感器(如工业相机、X光机等)将该产品内外部的瑕疵进行成像,通过机器学习技术对这些瑕疵图片进行识别,确定瑕疵的种类、位置,甚至对瑕疵产生的原因进行分析的一项技术。

工业瑕疵检测已成为机器视觉的一个非常重要的应用领域。随着制造业向智能化、无人化方向发展,以及人工成本的逐年上升,广泛存在于制造业的产品外观检测迫切需要通过机器视觉技术,也就是图像外检技术替代人工外检人员。一方面,图像外检技术可以运用到一些危险环境和人工视觉难以满足要求的场合;另一方面,更重要的是,人工检测面临检测速度慢、检测准确率不稳定(随着人眼检测时间的增加,检测准确率明显下降)、不同质检员的检测水平不一致等情况,同时,质检员的责任心、状态也会影响检测水平,这些都会直接影响产品的品质。而图像外检技术可以大大提高生产效率和生产的自动化程度,降低人工成本。

(4)图像识别

这里所说的图像识别是指人脸识别之外的静态图片识别,图像识别可应用于多种场景,目前应用比较多的是以图搜图、物体/场景识别、车型识别、人物属性、服装、时尚分析、货架扫描识别、农作物病虫害识别等。

这里列举一个图像搜索的例子:拍立淘,如图2-6所示。拍立淘是手机淘宝的一个应用,主要通过图片来代替文字进行搜索,以帮助用户搜索无法用简单文字描述的需求。比如,你看到一条裙子很好看,但很难用简单的语言文字来描述这条裙子的样子,那么这个时候就可以使用拍立淘,通过图片轻松地在淘宝上搜出同款裙子,或者类似款式。

图2-6 淘宝搜索截图

（5）自动驾驶/驾驶辅助

自动驾驶依靠人工智能、机器视觉、雷达、监控装置和卫星定位系统协同合作，让计算机可以在没有人类任何主动操作的情况下，自动安全地操控机动车辆。机器视觉的快速发展促进了自动驾驶技术的成熟。

（6）三维图像视觉

三维图像视觉主要是对三维物体进行识别，其主要应用于三维机器视觉、双目立体视觉、三维重建、三维扫描、三维测绘、三维视觉测量、工业仿真等领域。三维信息相比二维信息，能够更全面、真实地反映客观物体，提供更大的信息量。近年来，三维图像视觉在虚拟现实、文物保护、机械加工、影视特技制作、计算机仿真、服装设计、科研、医学诊断、工程设计、刑事侦查现场痕迹分析、自动在线检测、质量控制、机器人及许多生产过程中得到越来越广泛的应用。

（7）医疗影像诊断

医疗数据中有90%以上的数据来自医疗影像。医疗影像领域拥有孕育深度学习的海量数据，医疗影像诊断可以辅助医生作出判断，提升医生的诊断效率。目前，医疗影像诊断主要应用于如表2-3所示的场景中。

表2-3 医疗影像诊断的主要应用场景

应用场景	说明
肿瘤探测	通过图像技术，医疗影像诊断可进行如皮肤色素瘤、乳腺癌、肺部癌变的早期识别
肿瘤发展追踪	机器视觉技术可以根据器官组织的分布，预测出肿瘤扩散到不同部位的概率，并能从图片中获取癌变组织的形状、位置、浓度等信息

(续)

应用场景	说明
血液量化与可视化	通过核磁共振图像,医疗影像诊断可以更有效地再现心脏内部血液的流量变化,并可探测心脏是否发生病变
病理解读	不同医生对于同一张图片的理解可能会有不同,机器视觉技术可用于解读图片,并向医生提供较为全面的报告,使医生能够了解到多种不同的病理可能性
糖尿病视网膜病变检测	由糖尿病导致的视网膜病变是失明的一大主因,早期治疗可以有效减缓这一症状。机器视觉技术可以判断患者是否处于糖尿病视网膜病变早期以及病情的发展程度

(8)文字识别

计算机文字识别,俗称光学字符识别(Optical Character Recognition),是利用光学扫描技术将票据、报刊、书籍、文稿及其他印刷品的文字转化为图像信息,再利用文字识别技术将图像信息转化为可以使用的计算机输入技术。该技术可应用于如表2-4所示的场景中。

表2-4 文字识别的应用场景

应用场景	说明
卡证类识别	如身份证、名片、行驶证、驾驶证、银行卡、营业执照、户口本、签证、房产证等证件类文字识别
票据类识别	定额发票、火车票、飞机票、出租车票等票据类文字识别
出版类识别	书籍、报刊等印刷物的识别
实体标识识别	道路指示牌识别、广告牌识别等

(9)图像/视频的生成及设计

人工智能技术不仅可以对现有的图片、视频进行分析、编辑,还可以进行再创造。人工智能技术可以处理手绘人脸的草图,并通过算法将其转化为逼真的图像;也可以指导计算机渲染任何图像,使其呈现特定人类艺术家的特定风格;甚至可以对任何图像或图案进行细节增强,将低质量输入转化为高质量输出,添加源图像中缺失的细节。

3.图像视频识别

(1)图像识别技术的原理

图像识别是指利用计算机对图像进行处理、分析和理解,以识别各种不同模式的目标和对象的技术,并对质量不佳的图像进行一系列的增强与重建,从而有效改善图像质量。图像识别以开放API(Application Programming Interface,应用程序编程接口)的方式提供给用户,用户通过实时访问和调用API获取推理结果,帮助用户自动采集关键数据,打造智能化业务系统,提升业务效率。

微课2-3
图像视频识别

（2）图像标签

自然图像的语义内容非常丰富，一个图像包含多个标签内容，图像标签可识别三千多种物体以及两万多种场景和概念标签，能更智能、更准确地理解图像内容，让智能相册管理、照片检索和分类、基于场景内容或者物体的广告推荐等功能更加准确。

（3）名人识别

利用深度神经网络模型对图片内容进行检测，准确识别图像中包含的政治人物、影视明星及网红人物。

（4）翻拍识别

翻拍识别是定制化图像识别的一种，基于深度学习技术及大规模图像训练，准确识别出商品标签图片是原始图片，还是经过二次翻拍、打印翻拍等手段处理的非合规图片，帮助用户打造智能化业务系统，减少人力成本。

（5）低光照增强

低光照增强可以将图像的暗光区域增强，使得原来人眼不可见区域变得可见，增强图像中的有效视觉信息。

（6）图像去雾

该技术主要解决雾霾对成像质量的影响。摄像机在雾霾天气拍摄照片或视频时，不可避免地出现图像/视频质量不高和拍摄场景不清晰的情况。图像去雾算法除了可以去除均匀雾霾外，还可以处理非均匀的雾霾。

（7）超分图像构建

该技术主要解决图像在成像过程中像素过少导致的视觉信息不够或者压缩导致的图像信息丢失的问题。超分图像构建基于深度学习算法，对图像中缺失的视觉信息进行补充，使得图像视觉效果更好。

（8）视频背景音乐识别

该技术可以实现视频中背景音乐的识别。对于用户提供URL的视频，系统可以完成视频获取、音频提取、音频识别并返回歌曲名称等操作。

4. 模式识别

（1）背景

模式识别起源于20世纪20年代，由于不同模式识别问题的复杂性和多样性，不存在通用的单一模型或技术。在实际应用中，人们通常将统计识别与句法识别相结合，或融合人工智能中的启发式搜索、支持向量机等机器学习方法，以及人工神经元网络、专家系统、不确定推理技术。通过深入了解各技术工具的优势与局限，实现优势互补，从而推动模式识别技术的创新与应用。

微课2-4
模式识别

（2）语音识别技术

语音识别技术已成为信息技术领域人机交互的关键技术，在智能客服、智能家居、语音助手等多个领域得到广泛应用，极大地推动了新兴高技术产业的发展。随着深度学习等技术的进步，语音识别的准确率和响应速度不断提升，未来有望在更多场景中发挥重要作用。

（3）生物认证技术

生物认证技术是当前备受关注的安全认证技术，它以人体自身的生物特征作为身份标识，契合未来安全验证的发展趋势。相比传统的密码和磁卡认证方式，生物认证更加便捷、安全，能够有效避免密码泄露、磁卡丢失等问题。生物认证技术涵盖多种细分领域，以下重点介绍声纹识别和指纹识别技术。

1）声纹识别。在生物识别技术中，声纹识别凭借其便捷性、经济性和准确性，成为日常生活和工作中重要的安全验证方式。早期语音识别多采用隐马尔可夫模型（HMM），但随着深度学习技术的兴起，基于Transformer、深度神经网络（DNN）等模型的方法已成为主流，这些方法在识别速度和准确率上均有显著提升，广泛应用于金融交易身份验证、司法取证等场景。

2）指纹识别。人体手掌、手指、脚和脚趾内侧皮肤的凹凸纹路形成独特图案，其在图案、断点和交叉点上的差异具有唯一性，可用于身份验证。通过将个体指纹与预先保存的指纹数据对比，即可确认身份。指纹主要分为弓形纹（Arch）、帐篷弓形纹（Tented Arch）、左箕纹（Left Loop）、右箕纹（Right Loop）、斗形纹（Whorl）等，基于此实现指纹分类与检索。指纹识别流程主要包括预处理、特征选择和模式分类三大步骤，在门禁系统、手机解锁、出入境管理等领域应用广泛。

（4）数字水印技术

数字水印技术自20世纪90年代起进入快速发展阶段，是目前数字媒体版权保护领域极具潜力的技术。该技术通过在数字内容（如图像、音频、视频等）中嵌入不可见的标识信息，实现版权追溯和内容防伪。随着数字媒体产业的蓬勃发展，数字水印技术在维护版权方权益、防止内容非法传播等方面发挥着越来越重要的作用。

人脸识别

开发"人脸识别"程序，具体步骤如下。

1）需求分析。随着安全监控、身份验证、支付验证及个性化服务等需求量的不断攀升，人脸识别技术亟须实现高精度、高速度以及强大的活体检测能力，同时确保用户隐私与数据的安全无忧。该技术还需在复杂多变的光照条件、拍摄角度以及遮挡情境下保持稳健运行，以满足公共安全、金融支付、零售服务、智能家居等众多领域的广泛需求。通过编写人脸识别代码，我们可以亲身体验到这一技术的强大功能与广泛应用。

2）数据准备。准备训练数据。训练中使用的图像越多越好。通常要准备很多图像用于训练面部识别器，以便它可以学习同一个人的不同外观，例如戴眼镜，不戴眼镜，笑，伤心，快乐，哭泣，留着胡子，没有胡子等。此次训练数据由2个人组成，每个人有12张图像。所有培训数据都在训练数据文件夹内。训练数据文件夹包含每个人的文件夹，每个文件夹以格式sLabel（例如s1，s2）命名，其中标签实际上是分配给该人的整数标签，如图2-7所示。

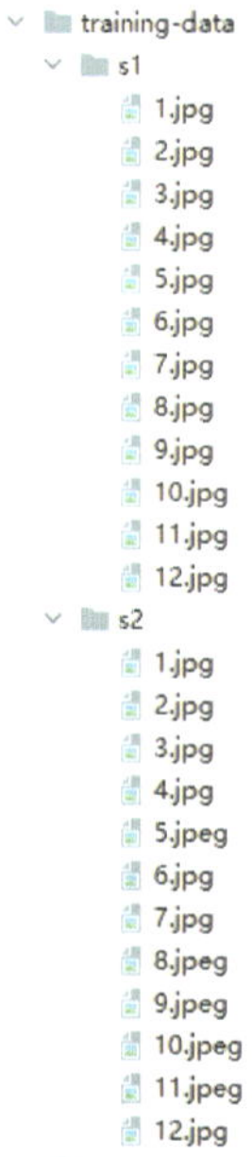

3）代码编写。

①导入OpenCV人脸识别所需要的库。

```
import cv2
import os
import numpy as np
from PIL import Image, ImageDraw, ImageFont
```

图2-7　数据准备

②OpenCV人脸识别器接受标签为整数，需要定义整数标签和人物实际名称之间的映射。未将标签0分配给任何人，因此标签0的映射为空。

```
subjects = ["", "Ramiz Raja", "cat king"]
```

③使用OpenCV用来检测脸部的函数。

```
def detect_face(img):
 #将测试图像转换为灰度图像，因为opencv人脸检测器需要灰度图像
    gray = cv2.cvtColor(img, cv2.COLOR_BGR2GRAY)
    # 加载OpenCV人脸检测器，使用的是快速的LBP
     face_cascade = cv2.CascadeClassifier('opencv-files/lbpcascade_frontalface.xml')
    # 检测多尺度（一些图像可能比其他图像更接近相机）图像
    faces = face_cascade.detectMultiScale(gray, scaleFactor=1.2, minNeighbors=5)
    # 如果未检测到脸部，则返回原始图像
    if (len(faces) == 0):
        return None, None
    # 假设只有一张脸，提取面部区域
    (x, y, w, h) = faces[0]
    # 只返回图像的正面部分
    return gray[y:y + w, x:x + h], faces[0]
```

④函数测试。

```
image = cv2.imread("training-data/s1/1.jpg")
face, rect = detect_face(image)
print(rect)
cv2.imshow("hello", cv2.resize(face, (400, 500)))
cv2.waitKey()
cv2.destroyAllWindows()
```

⑤读取所有人的训练图像,从每个图像检测人脸,并返回两个大小完全相同的列表。

```
def prepare_training_data(data_folder_path):
    # 获取数据文件夹中的目录(每个主题的一个目录)
    dirs = os.listdir(data_folder_path)
    # 列表以保存所有主题的脸部
    faces = []
    # 列表以保存所有主题的标签
    labels = []
     # 目录以字母's'开头
    for dir_name in dirs:
        if not dir_name.startswith("s"):
            continue;
         # 从dir_name中提取主题的标签号,目录名称格式= slabel,从dir_name中删除字母"s"得到数字标签
        label = int(dir_name.replace("s", ""))
        # 建立包含当前主题图像的目录路径
        subject_dir_path = data_folder_path + "/" + dir_name
        # 获取给定主题目录内的图像名称
        subject_images_names = os.listdir(subject_dir_path)
```

⑥浏览每张图片的名称,阅读图片,检测脸部并将脸部添加到脸部列表。

```
    for dir_name in dirs:
        if not dir_name.startswith("s"):
            continue;
        label = int(dir_name.replace("s", ""))
        subject_dir_path = data_folder_path + "/" + dir_name
        subject_images_names = os.listdir(subject_dir_path)
        for image_name in subject_images_names:
            if image_name.startswith("."):
                continue
            image_path = subject_dir_path + "/" + image_name
            image = cv2.imread(image_path)
                    cv2.imshow("Training on image...", cv2.
```

```
resize(image, (400, 500)))
                cv2.waitKey(100)
                face, rect = detect_face(image)
                if face is not None:
                    faces.append(face)
                    labels.append(label)
    #返回列表(最外层)
    cv2.destroyAllWindows()
    cv2.waitKey(1)
    cv2.destroyAllWindows()
    return faces, labels
```

⑦查看。

```
faces, labels = prepare_training_data("training-data")
print("Data prepared")
```

⑧打印总的脸部和标签。

```
print("Total faces: ", len(faces))
print("Total labels: ", len(labels))
```

⑨使用LBPH人脸识别器。

```
#创建LBPH人脸识别器
face_recognizer = cv2.face.LBPHFaceRecognizer_create()
#训练人脸识别器
face_recognizer.train(faces, np.array(labels))
# 在图像上绘制矩形,根据给定的(x,y)坐标和给定的宽度和高度(预测)
def draw_rectangle(img, rect):
    (x, y, w, h) = rect
    cv2.rectangle(img, (x, y), (x + w, y + h), (0, 255, 0), 2)
# 从图像开始绘制文本,通过(x,y)坐标。
def draw_text(img, text, x, y):
    cv2.putText(img, text, (x, y), cv2.FONT_HERSHEY_PLAIN, 1.5,
(0, 255, 0), 2)
#预测
def predict(test_img):
    # 制作图像的副本,不想更改原始图像
    img = test_img.copy()
    # 从图像中检测脸部
    face, rect = detect_face(img)
    # 使用人脸识别器预测图像
    label, confidence = face_recognizer.predict(face)
    # 获取由人脸识别器返回的相应标签的名称
```

```
        label_text = subjects[label]
        # 在检测到的脸部周围画一个矩形
        draw_rectangle(img, rect)
        # 画出预计人的名字
        draw_text(img, label_text, rect[0], rect[1] - 5)
        return img

#加载测试图像
test_img1 = cv2.imread("test-data/test1.jpg")
test_img2 = cv2.imread("test-data/test2.jpg")
#执行预测
predicted_img1 = predict(test_img1)
predicted_img2 = predict(test_img2)
print("Prediction complete")
#显示两个图像
cv2.imshow(subjects[1], predicted_img1)
cv2.imshow(subjects[2], predicted_img2)
cv2.waitKey(0)
cv2.destroyAllWindows()
```

4）人脸识别结果展示。

运行人脸识别代码，可对准备好的人物图片进行人脸识别，如图2-8所示。

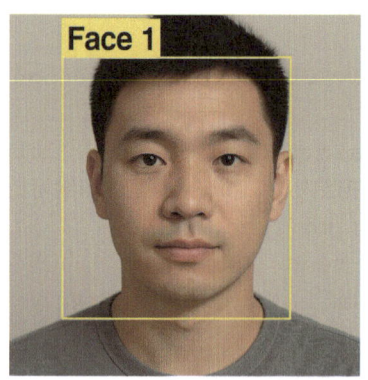

图2-8　人脸识别结果（注：此图片为AI生成图片）

（三）无人驾驶

1.无人驾驶的产生与发展

（1）无人驾驶的产生

①20世纪20年代——起源。早在1925年，无线电设备公司Houdina设计了一辆"无人"驾驶汽车American Wonder。

②20世纪30年代——世界博览会上的畅想。1939年纽约世界博览会，由通用汽车公司赞助建造了一个名为"Futurama"（未来世界）的展览，工业设计师诺曼·贝

尔·格迪斯（Norman Bel Geddes）向人们展示了他对未来汽车及交通的想法——未来汽车采用无线电控制，使用电力驱动，由嵌在道路中的电磁场提供能量来源。

③20世纪50年代——"自动高速公路"。时间来到20世纪50年代，研究人员开始按照上述设想进行试验，1953年，美国无线电公司（Radio Corporation of America，RCA）实验室成功研制了一辆微型汽车，它由按一定模式铺设在地板里的电线进行导航和控制。

④20世纪80年代——激励中进步。自20世纪80年代，在美国国防部先进研究项目局的支持下掀起了智能车技术研究热潮。1984年由卡耐基梅隆大学研发了全世界第一辆真正意义的智能驾驶车辆。该车辆利用激光雷达、计算机视觉及自动控制技术完成对周边环境的感知，并据此作出决策，自动控制车辆，在特定道路环境下最高时速可达31km/h。

（2）国外发展现状

2009年，谷歌（现Waymo）启动无人驾驶项目，标志美国自动驾驶技术进入快速发展阶段。

2016年，美国国家公路交通安全管理局发布《联邦自动驾驶汽车政策》，为行业提供自愿性指南。

2014年，美国加利福尼亚州率先允许自动驾驶汽车测试（需安全员），2018年进一步允许无安全员测试。

2021年，美国38个州通过自动驾驶相关法规，Waymo在凤凰城向公众开放商业化Robotaxi服务。

2023年，美国加利福尼亚州批准Waymo和Cruise全无人驾驶出租车运营（后者因事故退出）；英国提出《自动驾驶汽车法案》，明确车企责任。

（3）国内发展现状

2015年，国务院印发《中国制造2025》，明确提出到2020年突破智能辅助驾驶关键技术，初步建立智能网联汽车研发及配套体系。

2016年，交通运输部发布《关于加快推进自动驾驶技术研发与应用的指导意见》，推动企业开展技术研究。2018年进一步出台《自动驾驶汽车道路测试管理规范（试行）》，规范路测管理。

2021年，上海、深圳、杭州等地陆续发布自动驾驶测试及商业化试点政策。

2022年，北京冬奥会期间，百度Apollo等无人驾驶接驳车在首钢园区等场景投入运营，标志特定场景应用取得突破。同年8月，深圳率先实施《智能网联汽车管理条例》，成为全国首部关于智能网联汽车管理的地方性法规。

2023年，我国自动驾驶市场规模为3301亿元（L1~L4级），无锡、上海浦东等地出台细则推动区域发展。

2. 无人驾驶汽车体系结构

（1）分层递阶式体系结构

分层递阶式体系结构是一个串联系统结构，在该结构中，智能驾驶系统的各模块之间次序分明，上一个模块的输出即为下一个模块的输入，因此又称为"感知—规划—行动"结构。当给定目标和约束条件后，规划决策就根据即时建立的局部环境模型和已有的全局环境模型决定下一步的行动，进而依次完成整个任务（见图2-9）。

1）该体系结构的优点。

由于该结构对任务进行了自上而下的分解，从而使得每个模块的工作范围逐层缩小，对问题的求解精度也就相应地逐层提高，具备良好的规划推理能力，容易实现高层次的智能控制。

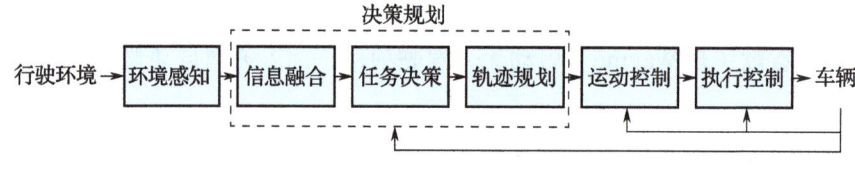

图2-9 无人驾驶分层递阶式体系结构

2）该体系结构的缺点。

①它对全局环境模型的要求比较理想化，全局环境模型建立的根据是地图数据库先验信息和传感器模型的实时构造信息，所以它对传感器提出了很高的要求，与此同时，计算瓶颈问题也不容忽视。从环境感知模块到执行模块，中间存在延迟，缺乏实时性和灵活性。

②分层递阶式体系结构的可靠性不高，一旦其中某个模块出现软件或者硬件上的故障，信息流和控制流的传递通道就受到了影响，整个系统很有可能发生崩溃而处于瘫痪状态。

（2）反应式体系结构

与分层递阶式体系结构不同，反应式体系采用并联结构，如图2-10所示，每个控制层可以直接基于传感器的输入进行决策，因而它所产生的动作是传感器数据直接作用的结果，可突出"感知—动作"的特点，易于适应完全陌生的环境。其中，基于行为的反应式体系结构是反应式体系中最常用的结构。

反应式体系结构最早于1986年由罗德尼·布鲁克斯（Rodney Brooks）提出，并成功应用于移动机器人。其主要特点是存在多个并行的控制回路，针对各个局部目标设计对应的基本行为，这些行为通过协调配合后作用于驱动装置，产生有目的的动作，形成各种不同层次的能力。虽然高层次会对低层次产生影响，但是低层次本身具有独立控制系统运动的功能，而不必等高层次处理完毕。

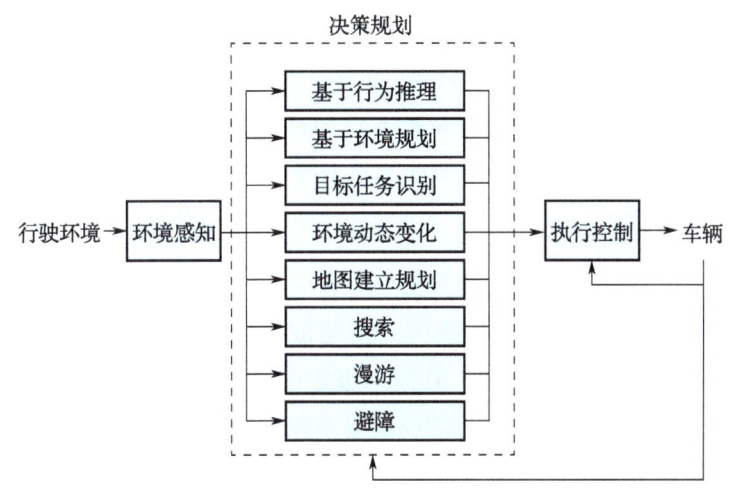

图 2-10 无人驾驶反应式体系结构

反应式体系结构的设计难点如下。

①由于系统执行动作的灵活性,就需要特定的协调机制来解决各个控制回路对同一执行机构争夺控制的冲突,以便得到有意义的结果。

②随着任务复杂程度以及各种行为之间交互作用的增加,预测一个体系整体行为的难度将会增大,缺乏较高等级的智能。

(3)混合式体系结构

分层递阶式体系结构和反应式体系结构各有优劣,都难以单独满足行驶环境复杂多变时的使用需求,所以越来越多的行业人士开始研究混合式体系结构,将两者的优点进行有效的结合,如图 2-11 所示。

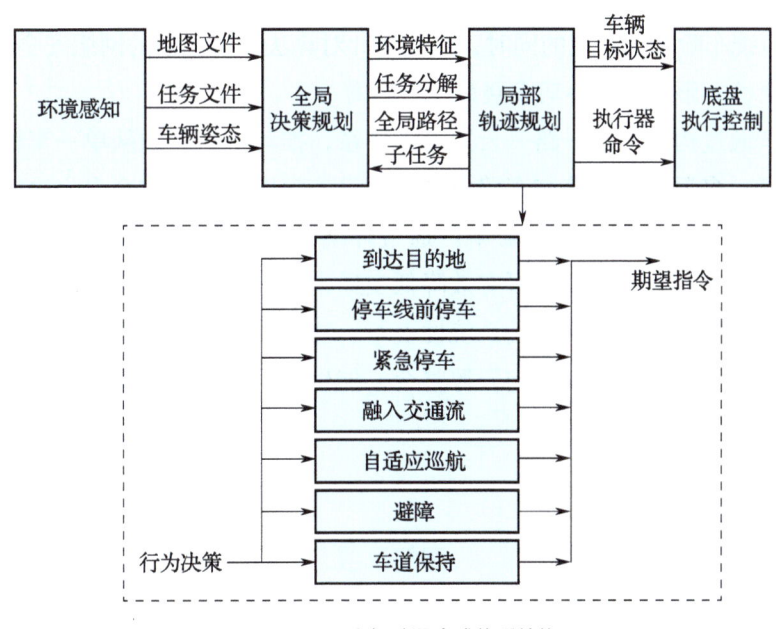

图 2-11 无人驾驶混合式体系结构

在全局规划层面，混合式体系结构通过分层递阶的方式生成目标导向的行为。

在局部规划层面，混合式体系结构通过将行为分解为面向目标搜索的反应式动作，支撑驾驶决策的实时性。车辆驾驶决策技术作为自主驾驶的核心，其有效性直接关系到车辆自身安全、节能、舒适性及外部交通流效率等。

3.无人驾驶的机遇与挑战

（1）安全性：交通事故防控机制优化

微课2-7 无人驾驶的机遇与挑战

无人驾驶系统通过消除驾驶员疲劳、情绪波动等主观干扰，可确保汽车持续遵守交通法规，其厘米级定位与毫秒级反应速度能精准分配路权。需特别说明，现阶段自动驾驶系统仍需突破复杂路况感知与决策瓶颈，其安全效益需配合车路协同基础设施升级方能充分释放。

（2）经济性：促进节能减排

经济性方面，无人驾驶系统通过算法优化驾驶模式，消除急加速、急刹车等行为，可实现降低10%~15%的能耗及对应减排，直接改善城市空气质量。配合电网负荷管理技术，电动智能车可自主调度至低谷时段充电，在降低用户使用成本的同时提升电网的稳定性。

（3）互联性：推动社会变革

自动驾驶技术对汽车下游产业链的影响需结合技术渗透率与场景差异辩证评估。驾驶培训市场需求萎缩（如我国2030年驾校学员规模较2025年预期下降58%，需考虑农村地区刚性驾驶需求留存），城市出行领域岗位缩减规模与自动驾驶商业化进度强相关，代驾行业将转向极端天气/复杂路况接管等细分场景而非完全消亡；车辆维修产业虽因算法优化降低了传统机电故障率，但激光雷达清洁、软件漏洞修复等新型维保需求同步增长；保险行业在传统车险规模缩减的同时，需构建针对算法决策责任的网络安全险体系。

（4）行业性：形成产业协同发展的创新格局

智能汽车通过构建"车—路—云"协同体系，推动交通控制从单一车辆决策向全局动态优化升级。多源感知系统与车路协同基础设施深度融合，结合自主决策算法，显著降低人为操作失误对交通系统的影响。通过环境感知、路径规划和群体协同的技术闭环，智能驾驶系统在典型场景中可有效降低交通事故发生率，提升道路通行效率，实现从孤立车辆控制到交通网络联动的系统性变革。这一技术路径不仅重构了汽车产业的价值链条，更通过跨行业数据互通与资源整合，催生出新型智能交通服务生态，形成产业协同发展的创新格局。

学习案例03　智能巡线

开发智能巡线系统，具体步骤如下。

1)需求分析。

随着工程建设的快速发展,大型工程车辆和起重设备在各类工程项目中扮演着至关重要的角色。然而,这些设备的体积过长过大,给其行驶、定位、监测等方面带来了诸多挑战。为了解决这些问题,此案例将设计一款智能巡线系统,以提高工程车辆和起重设备的行驶效率、定位精度,缩短工作时间,减少监测人员数量,从而全面提升工程项目的安全性和效率。

2)界面设计。

①打开Mind+软件,首先移除原有机器人角色,然后通过上传角色绘制功能,添加小车角色(见图2-12)。

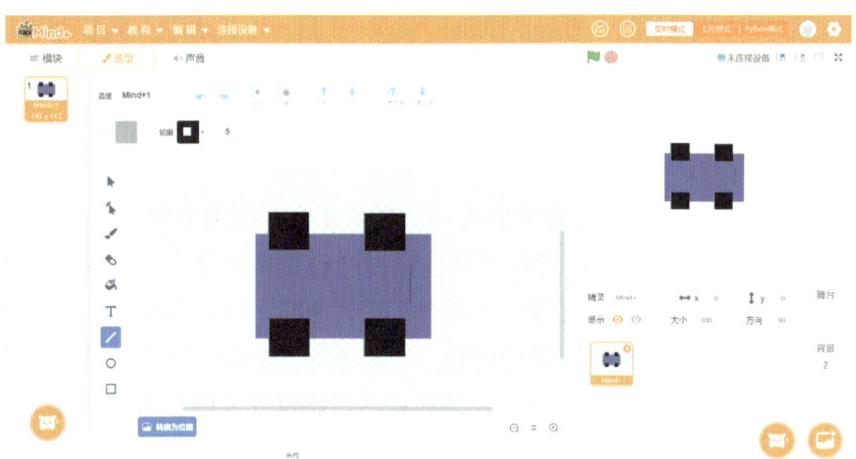

图2-12 添加小车角色

②绘制跑道背景(见图2-13)。

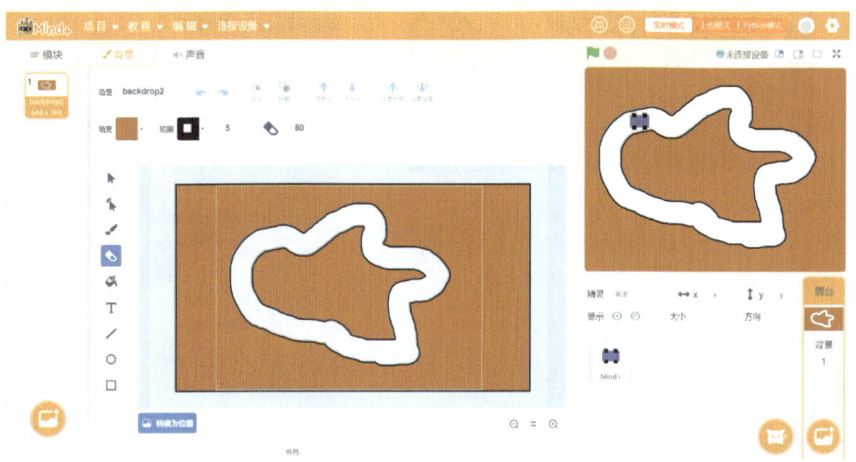

图2-13 添加跑道背景

③对小车进行造型编辑,一个为左前轮,另一个为右前轮,用于检测跑道(见图2-14)。

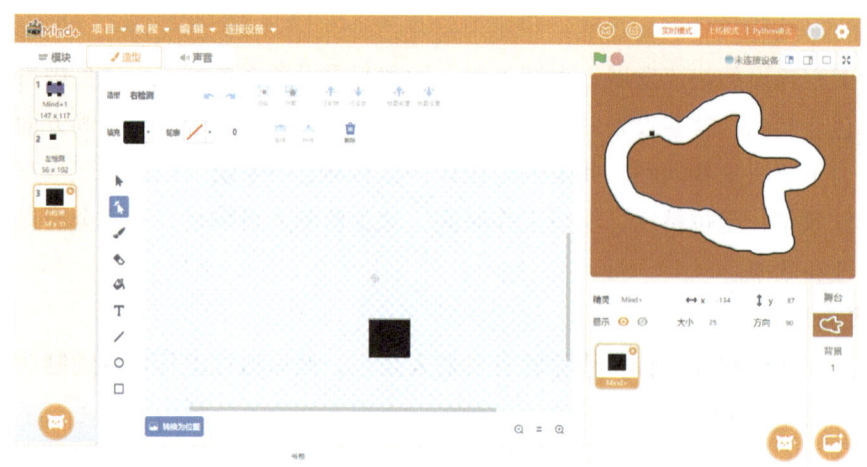

图2-14 小车造型编辑

④最终界面设计图如图2-15所示。

3）程序代码设计。

当程序开始时，设定小车角色大小为25，保证小车在跑道当中，通过移动，设定小车初始位置，设定面向90°方向进行移动。然后通过控制程序中的重复执行进行移动，在移动之前需要进行判断，切换造型"左检测"进行判断，当触碰跑道之外的颜色，就右转10°；然后切换造型"右检测"进行判断。当触碰跑道之外的颜色，就左转10°；最后换成小车造型进行移动，每次移动1步。整体程序代码设计如图2-16所示。

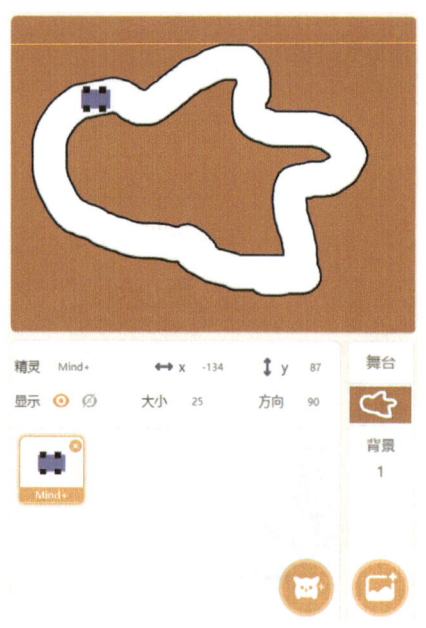

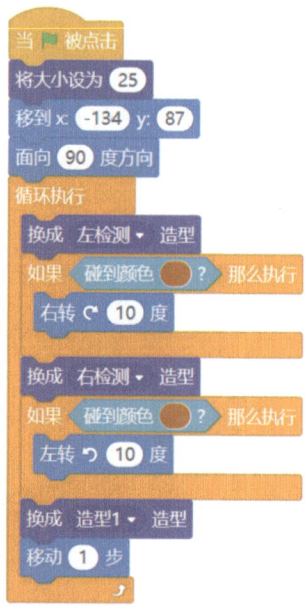

图2-15 界面设计　　　图2-16 整体程序代码设计

4）整体展示。

单击程序运行绿旗，可以看见舞台中的小车会跟随跑道进行移动，如图2-17所示。

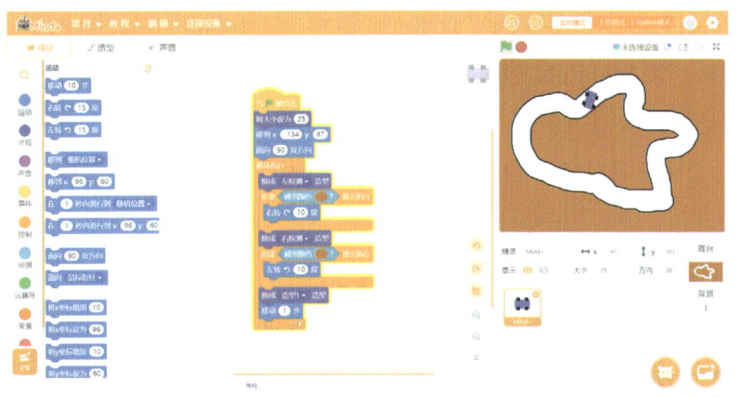

图2-17 智能巡线整体展示

（四）智能助理技术体验

1. 语音唤醒

（1）什么是语音唤醒

语音唤醒（Keyword Spotting）：在连续语流中实时检测出说话人的特定片段。

语音交互前，设备需要先被唤醒，从休眠状态进入工作状态，才能正常处理用户的指令。把设备从休眠状态叫醒到工作状态称为唤醒，常见的有触摸唤醒（锁屏键）、定时唤醒（闹钟）、被动唤醒（电话）等，而语音唤醒就是通过语音的方式将设备从休眠状态切换到工作状态。

（2）语音唤醒的工作原理

语音唤醒的核心是唤醒模型实时监测特定语音信号。其工作流程并非简单"等待信号"，而是包含声学预处理（如降噪、端点检测）、特征提取（如梅尔频率倒谱系数MFCC）和逻辑判断（匹配唤醒词特征或阈值决策）。

模型需实时运行以实现低延迟响应（通常<500ms），因此多部署于本地设备（如智能音箱芯片），而非云端。这不仅因本地算力需求可通过轻量化设计（如模型压缩）满足，还涉及离线可用性和隐私保护（避免语音数据上传）。唤醒模型作为技术核心，其性能直接影响唤醒准确性与响应速度，而非仅依赖"判断信号的内部逻辑"。

语音唤醒的算法历经三代技术迭代。

1）模板匹配时代（2000—2010年）。将唤醒词转为特征模板，利用动态时间规整（DTW）算法匹配输入语音，适用于固定句式，但对语速、语调敏感，误唤醒率高。

2）隐马尔可夫模型（HMM，2010—2015年）。为唤醒词建立状态转移模型，结合背景噪声模型计算概率，通过维特比算法解码时序特征，提升连续语音适应性，但依赖人工特征设计。

3）神经网络时代（2015年至今）。

端到端架构：CNN/RNN直接从原始音频提取特征，无须人工设计，支持多唤醒词与方言识别；

轻量化技术：如MobileNet通过深度可分离卷积压缩模型，适配智能音箱等本地设备；

混合模型：DNN-HMM结合神经网络声学建模与HMM时序建模，提升复杂环境鲁棒性。

2. 语音唤醒的应用

语音唤醒目前的应用范围比较窄，主要应用在语音交互设备上，用来解决不方便触摸，但是又需要交互的场景。

生活中最典型的应用当属智能音箱。各品牌智能音箱均设有专属唤醒词，如天猫精灵的"天猫精灵"、小米的"小爱同学"、百度的"小度"系列等，用户通过呼唤设备名称实现语音交互。

在移动设备领域，主流智能手机普遍搭载语音助手功能，如小米的"小爱同学"、华为的"小艺"、OPPO的"小布助手"等，这些语音助手支持非接触式操作，用户通过语音指令即可完成多项功能操作。

服务型机器人领域则普遍采用多模态唤醒技术。这类设备通常融合语音唤醒（如"你好，优友"）、视觉识别（人脸检测及表情识别）、触控反馈（压力传感器响应）以及环境感知（人体红外感应/运动检测）等多维度交互方式，通过多传感器数据融合算法，确保在不同场景下精准激活设备进入工作状态。

（1）语音识别技术

语音识别技术，也称为自动语音识别，其目标是将人类语音中的词汇内容转换为计算机可读的输入，例如按键、二进制编码或者字符序列。与说话人识别及说话人确认不同，后者尝试识别或确认发出语音的说话人而非其中所包含的词汇内容。

语音识别包括两个阶段：训练和识别。

训练阶段：收集大量的语音语料，经过预处理和特征提取后得到特征矢量参数，最后通过特征建模达到建立训练语音的参考模型库的目的。

识别阶段：将输入语音的特征矢量参数和参考模型库中的参考模型进行相似性度量比较，把相似性最高的输入特征矢量作为识别结果输出。

（2）语音识别对象分类

1）特定人识别，即通过声纹识别技术验证特定用户身份（如手机声纹解锁）。技术特点是只需采集目标用户的声纹数据（3~5次发音样本）；采用个人声纹特征建模，无须收集他人语音。

2）非特定人识别，属于通用语音识别技术的一种（如智能音箱指令识别）。其技术特点为：需采集大规模人群语音数据训练（通常需数万至数十万人规模，覆盖多口音、语调），以支持任意用户的语音指令解析。该技术通过深度学习模型对多样化语音特征进行泛化学习,打破"特定人识别"的用户限制,实现跨用户的通用交互能力。

3. 聊天机器人

(1) 什么是聊天机器人

聊天机器人是一种通过文本或语音进行在线对话的软件应用。聊天机器人系统旨在模拟人类对话行为,通常需要持续优化和测试,但许多实际应用的机器人仍无法实现流畅交流或通过行业标准的图灵测试。聊天机器人主要应用于客户服务、需求转接和信息收集等场景的对话系统。

(2) 按功能分类

聊天机器人按功能分类可分为问答型、任务型和闲聊型聊天机器人。

不同功能的聊天机器人采用差异化的技术方案,例如问答型机器人需提取问句中的关键实体,通过知识图谱进行检索,通常还需对问句语义和关系类型进行分类以提高检索精度。

(3) 按模式分类

聊天机器人按模式可分为基于检索模式和生成式模式两种。

基于检索的模型依赖预定义应答库和匹配算法选择响应,其优势在于语法规范性,但无法处理预设范围外的对话且缺乏上下文关联能力。生成式模型通过算法直接生成新应答,虽能灵活引用对话上下文中的实体信息,但对训练数据和算法要求较高,存在语法错误风险且长文本生成效果较弱。

(4) 按领域分类

聊天机器人按领域可分为开放领域和封闭领域系统。

开放领域对话(如社交媒体互动)因话题无边界而实现难度较高。封闭领域系统(如银行客服)因对话目标明确、输入输出范围有限而相对容易构建,专注于完成特定任务场景。

(5) 人工智能时代的聊天机器人

21世纪以来,依托人工智能技术的突破,聊天机器人发展为三类:检索式、生成式和知识图谱式。

1)检索式。利用历史对话语料库,结合排序学习与深度匹配技术,筛选当前输入的最佳预设回复。

2)生成式。基于编码-解码架构逐词生成回复,突破固定模板限制,可产出语料库未覆盖的新表达。

3)知识图谱式。整合语言规则与逻辑常识,通过AIML等模板实现模式匹配应答。

(6) 聊天机器人的应用场景

1)在线客服。自动解答产品与服务问题,如京东言犀智能客服,支持识别无答案场景并转接人工,降低企业运营成本。

2)娱乐机器人。提供情感陪伴与开放对话,例如腾讯小微支持多主题互动及天气预报等生活服务。

3）教育机器人。构建语言交互环境辅助学习，如专业知识指导或年龄定制化教学。

4）个人助理。通过语音/文本交互处理日常事务，包括天气查询、日程提醒等。

5）智能问答。解析事实型问题与逻辑推理需求，辅助用户决策与信息检索。

（7）聊天机器人的发展趋势

1）端到端深度模型。基于序列到序列架构生成对话，探索统一模型的多场景适应能力。

2）开放域泛化。依托大数据支撑，从限定场景向无边界对话场景扩展。

3）情感化交互。从精准应答转向具备情感色彩的表达，实现心理疏导与个性化陪伴功能。

（8）聊天机器人的关键技术及挑战

1）用户情感识别。需区分显式情感（如"我很开心"）与隐式意图（如"我饿了"可能隐含就餐需求）。

2）指代消解与省略恢复。需解析代词指代对象（如"它"），并补全省略成分（如"今天天气怎样？"需关联上一句的时间）。

3）回复确认机制。对模糊需求主动询问确认（如"您想订哪天的机票？"）。

4）拒识能力。识别超出应答范围或涉及敏感话题的输入，适时终止对话或提示人工介入。

5）意图分类。区分显式意图（如"查询天气"）与隐式请求（如"手机没电了"可能需推荐充电设施）。

语音识别

语音识别程序，具体步骤如下。

1）需求分析。

在智能化服务快速普及的背景下，语音识别技术需实现高精度识别与强抗噪能力（尤其在噪声环境下的方言识别场景），同时扩展多语种及区域性方言的覆盖范围。该技术需严格遵循数据隐私保护规范，确保用户信息安全。为支撑智能家居控制、语音助手交互、客户服务优化、教育辅导及医疗记录辅助等场景的实时交互需求，语音识别技术持续优化响应速度与识别准确率，显著提升人机协同效率。通过自主开发语音识别程序，可深度理解其核心功能与实现原理。

2）文本转语音。

使用名为pyttsx的Python包，可以将文本转换为语音。直接使用pip就可以进行安装，安装命令如下：

```
pip install pyttsx3
```

使用pyttsx实现文本转换语音如下：

```
import pyttsx3 as pyttsx
engine=pyttsx.init()
engine.say('你好 pyttsx')
engine.runAndWait()
```

3）读取文本文件内容转换为语音音频文件。

使用SpeechLib，可以从文本文件中获取输入，再将其转换为语音，并保存为后缀为wav的音频文件。先使用pip安装，命令如下：

```
pip install comtypes
```

使用SpeechLib实现文本转换语音如下：

```
from comtypes.client import CreateObject
from comtypes.gen import SpeechLib
engine = CreateObject("SAPI.SpVoice")
stream = CreateObject("SAPI.SpFileStream")
infile = 'demo.txt'
outfile = 'demo.wav'
stream.Open(outfile, SpeechLib.SSFMCreateForWrite)
engine.AudioOutputStream = stream
f = open(infile, 'r', encoding='utf-8')
theText = f.read()
f.close()
engine.speak(theText)
stream.close()
```

在项目同级目录创建demo.txt文件（见图2-18），并在文件中输入需要转换语音的内容，运行程序后可看见目录中会生成后缀为wav的音频文件，可使用播放器进行播放。

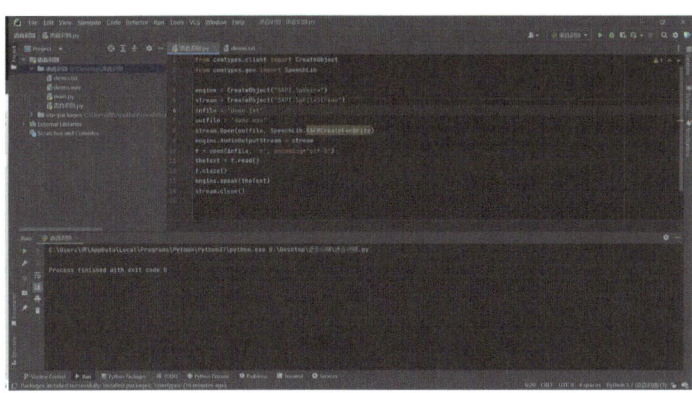

图2-18　文本文件转语音

4）语音音频文件转换为文本内容。

PocketSphinx是一个用于语音转换文本的开源API。它是一个轻量级的语音识别引擎。首先使用pip命令安装所需模块，命令如下：

```
pip install PocketSphinx
pip install SpeechRecognition
```

使用PocketSphinx实现语音转换文本。

```
import speech_recognition as sr
audio_file = 'demo.wav'
r = sr.Recognizer()
# 打开语音文件
with sr.AudioFile(audio_file) as source:
    audio = r.record(source)
# 将语音转换为文本
print('文本内容:', 'r', r.recognize_sphinx(audio))
```

（五）大数据应用

1. 核心应用场景

大数据应用广泛渗透于各行各业，通过对海量数据的分析与处理，推动管理智能化、服务个性化、决策科学化。以下是典型应用场景：

（1）精准营销与客户洞察

场景描述：企业通过收集用户行为数据（如浏览记录、购买历史、社交媒体互动等），构建详细的客户画像，实现个性化推荐和精准广告投放。例如，电商平台通过分析用户的浏览历史和购买记录，为其推荐相关产品，提高用户购买的转化率。

价值：提升客户满意度、增加销售额、优化营销资源分配。

（2）风险管理与决策支持

场景描述：金融机构利用大数据分析交易数据、用户行为数据，进行信用评分、欺诈检测和市场风险预测。例如，银行通过实时监测异常交易行为，及时发现并防范潜在诈骗风险。

价值：降低风险敞口、提高信贷决策准确性、增强市场竞争力。

（3）供应链优化与库存管理

场景描述：企业通过分析销售数据、季节性趋势、供应链信息等，精准预测需求，优化库存管理和物流配送。例如，京东通过大数据提前分析和预测各地商品需求量，提高配送和仓储的效能。

价值：减少库存积压、降低运营成本、提升供应链效率。

（4）医疗健康与精准医疗

场景描述：通过分析电子病历、基因组数据、生活方式数据等，预测疾病风险，制定个性化治疗方案。例如，基于个体基因、生理指标、环境因素等大数据，为患者量身定制治疗方案，提高治疗效果。

价值：提升医疗服务效率、改善患者生活质量、推动医学研究。

（5）智慧城市与公共管理

场景描述：集成交通、能源、环境、公共服务等多源数据，实现城市运行状态监测、资源调度优化、应急响应管理等。例如，通过分析交通数据优化信号灯调控，缓解城市拥堵。

价值：提升城市运行效率、改善居民生活质量、增强城市可持续发展能力。

（6）工业制造与智能制造

场景描述：通过设备数据、生产流程数据的实时分析，实现预测性维护、质量控制、产能优化等。例如，海尔智能工厂依托工业大数据实现柔性生产，个性化订单快速响应。

价值：提高生产效率、降低维护成本、提升产品质量。

（7）教育领域与个性化学习

场景描述：通过分析学生的学习行为、成绩等数据，制定个性化教学方案，优化课程设计与资源配置。例如，学校利用大数据分析学生的学习进度和难点，提供针对性辅导。

价值：提升教育质量、促进教育公平、满足学生个性化需求。

（8）能源管理与能耗优化

场景描述：通过监测能源使用数据，优化能源分配，降低能耗成本。例如，企业通过分析设备运行数据，调整能源使用策略，减少浪费。

价值：降低运营成本、推动绿色发展、提升能源利用效率。

（9）社会治理与公共安全

场景描述：政府部门通过分析社会经济数据，把握社会运行状态和发展趋势，为政策制定提供科学依据。例如，通过监控视频分析等技术手段，预防和打击犯罪行为。

价值：提升政策科学性、增强公共安全、促进社会和谐稳定。

（10）传媒与娱乐行业

场景描述：通过分析用户的观影习惯、兴趣偏好等数据，为用户推送更符合其口味的内容，提升用户体验和黏性。例如，视频平台根据用户的观看历史推荐相关影视作品。

价值：提升用户满意度、增加用户黏性、优化内容生产。

微课2-10 数据采集

微课2-11 数据存储、数据清洗

微课2-12 数据分析

微课2-13 数据可视化

2. 技术支撑与挑战

（1）技术支撑体系

大数据应用的技术支撑涵盖数据采集、存储、处理、分析和可视化等环节，形成完整的技术链条。具体内容如表2-5所示。

表2-5 大数据技术支撑体系

技术环节	核心技术	应用场景示例
数据采集	传感器、物联网设备 网络爬虫 日志收集工具（如Fluentd）	工业设备实时监测数据采集、电商用户行为数据抓取、城市交通摄像头数据收集
数据存储	分布式文件系统（如HDFS） NoSQL数据库（如MongoDB、Cassandra） 数据仓库（如Snowflake）	存储海量用户行为日志、医疗影像数据、社交媒体文本数据
数据处理	批处理框架（如Hadoop MapReduce） 流处理框架（如Flink、Spark Streaming） 图计算（如Neo4j）	实时分析金融交易数据、处理社交网络关系数据、大规模日志清洗与转换
数据分析	机器学习算法（如随机森林、神经网络） 深度学习框架（如TensorFlow、PyTorch） 自然语言处理（NLP）	用户画像构建、疾病预测模型、智能客服语义理解
数据可视化	可视化工具（如Tableau、Power BI） 交互式仪表盘	实时监控城市交通流量、展示企业销售趋势、分析用户行为热力图

（2）大数据应用的核心挑战

大数据应用在技术、数据、安全和伦理层面面临多重挑战，需通过技术优化和管理创新应对。

1）数据质量：多源数据（结构化/非结构化）存在格式混乱、重复缺失问题，影响分析准确性（如医疗误诊）。

解决方案：建立清洗规则，应用ETL工具（Informatica）及数据治理平台（Collibra）。

2）安全隐私：数据泄露风险高（如2021年某电商被罚事件）。

解决方案：采用国密算法（SM2/SM4）加密，结合联邦学习实现"可用不可见"。

3）技术成本：中小企业面临人才匮乏、算力不足。自建平台成本过高（数百万级）。

解决方案：使用云服务（AWS/阿里云）、开源工具（Hadoop/Spark）及低代码平台（KNIME）。

4）实时性：批处理模式难以满足金融/自动驾驶场景毫秒级需求。

解决方案：流处理框架（Flink）结合边缘计算降低延迟。

5）伦理合规：法律要求严格，需建立合规团队、定期审计，采用数据匿名化技术。

3. 未来趋势

（1）技术融合

AI深度集成实现实时预测与自动化（如金融风控）；边缘计算提升实时分析效率（医疗、制造等）；量子计算变革数据分析能力。

（2）场景深化

垂直行业应用拓展（如医疗AI诊断）；智慧城市与物联网融合提升治理；增强分析技术推动数据民主化。

（3）安全合规

法规趋严，强化数据隐私与伦理；企业需重视数据治理；隐私计算与区块链技术提升数据安全防护能力和流转过程的可追溯性。

（4）可持续发展

绿色数据中心建设已成为行业共识（如清洁能源、液冷降PUE）；数据要素市场化加速，配套的数据确权机制、交易规则和流通体系正在不断完善，为数据要素的价值挖掘和市场化配置提供了制度保障。

（六）云计算

1. 云计算的定义

云计算是一种通过互联网按需提供计算资源（如服务器、存储、数据库、网络、软件等）的服务模式，其核心特点是资源池化、弹性扩展、按需付费，用户无须管理底层基础设施即可灵活获取所需的IT能力。它通常分为IaaS（基础设施即服务）、PaaS（平台即服务）、SaaS（软件即服务）三类，并可通过公有云、私有云或混合云部署，显著降低成本、提升可扩展性和运维效率。

2. 云计算的基本特征

- 按需自助服务；
- 泛在网络接入；
- 快速弹性；
- 资源池化；
- 可度量服务。

微课2-14
云计算的关键技术

3. 云计算的关键技术

（1）虚拟化

虚拟化是云计算最重要的核心技术之一，为云计算服务提供基础架构层面的支撑，是ICT服务快速走向云计算的核心驱动力。需注意的是，虚拟化并非等同于云计算，而是其关键组成部分。虚拟化的核心价值在于增强系统弹性与灵活性，降低运营成本，提升服务质量及资源利用效率。其应用模式主要呈现两种形态：一是将高性能服务器虚拟化为多个独立子服务器以服务不同用户；二是将多台服务器整合为虚拟化集群以实现特定功能。两种模式均通过统一资源管理和动态分配机制提升资源利用率。

（2）分布式数据存储

分布式数据存储技术通过将数据分散存储于多台物理设备，实现动态负载均衡与故障节点自动接管，具备高可靠性、高可用性和高扩展性特征。该技术在多节点并发环境下需保持状态同步，并通过容错机制确保单点故障不影响整体系统运行。通过存储服务器负荷分担与位置服务器信息定位，不仅突破硬件限制，还可快速响应需求变化，显著提升系统可靠性、存取效率及扩展能力。

（3）资源管理

资源管理技术需高效处理海量分布式数据，其核心在于实现大规模服务器资源的高效调度与协同运作。关键技术目标包括：快速部署新业务，精准定位并恢复系统故障，以及通过自动化与智能化手段保障云平台运营可靠性。云计算平台须具备智能资源分配能力，以确保超大规模系统稳定运行。

（4）能耗管理

随着云计算规模扩张，其能耗问题日益凸显。能耗优化首要措施包括升级网络设备、增设节能模式以降低闲置能耗。网络结构优化可减少基站发射功率（基站作为云–端数据传输枢纽），而新型低功耗缓存技术通过与现有技术融合，可在维持性能的前提下降低能耗。此外，精简服务器配置（如移除闲置组件）也是减少能量损耗的有效方式。

（5）信息安全

数据显示，安全已成为制约云计算发展的主要因素之一。云安全本质上是传统互联网安全问题在云计算环境下的延伸与放大，涉及网络安全、服务器安全、软件安全及系统安全等多个层面。当前软硬件安全厂商正积极研发针对性解决方案，可以预见未来云安全问题将得到显著改善。

4. 云交付模型（见图2-19）

当开始考虑将业务转移到云时，了解各种云服务的差异就显得十分重要。通常有三种云服务模型：Saas（软件即服务）、PaaS（平台即服务）和Iaas（基础设施即服务）。

微课2-15
云交付模型
和云计算与
大数据

图2-19对比了本地部署、基础设施即服务（IaaS）、平台即服务（PaaS）和软件即服务（SaaS）在管理责任上的差异，其中本地部署需自行管理服务器、存储、网络等所有底层资源及上层应用，而IaaS由服务提供商管理底层硬件资源，用户管理虚拟化以上部分；PaaS进一步由服务提供商管理操作系统等中间层，用户仅管理数据和应用；SaaS则几乎全部由服务提供商管理，用户仅使用应用。

（1）SaaS模型

1）SaaS：软件即服务，也称为云应用程序服务，是云市场中最受企业欢迎的解决方案。SaaS通过互联网向用户提供由第三方供应商统一管理的应用程序，大多数SaaS应用可直接通过网页浏览器运行，无须下载或安装客户端。

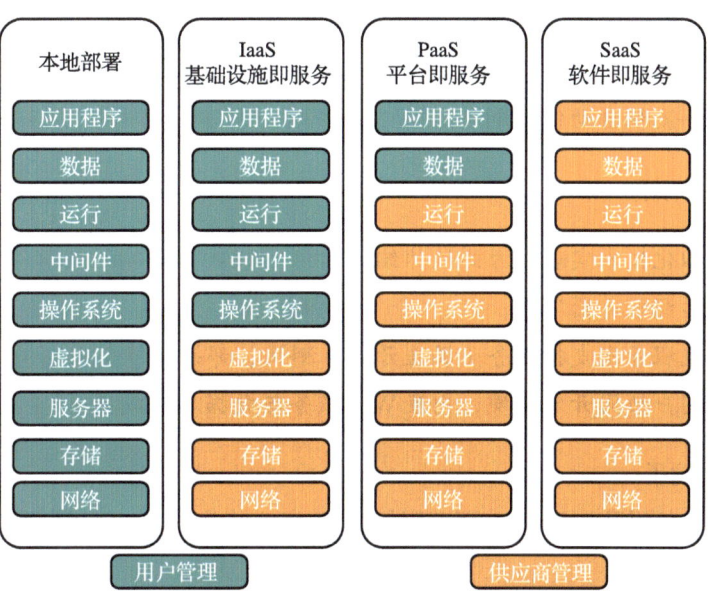

图2-19 云交付模型对比

2）SaaS的优势。SaaS通过减少软件安装、管理和升级等烦琐任务所需的时间与成本，为企业和员工创造显著效益。这使得技术人员能够将更多精力投入解决组织内部的紧迫性问题。

3）SaaS的特点。

- 集中式统一管理；
- 基于远程服务器部署；
- 支持互联网访问；
- 供应商负责维护硬件及软件更新。

4）SaaS的例子。

SaaS的例子有飞书、腾讯会议、金山文档、简道云、金蝶云、用友网络等。

（2）PaaS模型

1）PaaS：平台即服务，也称云平台服务，为应用程序开发提供标准化云组件，该服务为开发者构建了可直接调用的技术框架，使其能够快速创建定制化应用。平台基础设施（含服务器、存储及网络资源）由企业或第三方供应商统一运维，开发人员只需专注于应用程序层面的业务逻辑实现。

2）PaaS的优势。

- 实现应用程序的敏捷开发与经济高效部署；
- 支持弹性扩展能力；
- 保障服务高可用性；

- 赋能开发者构建定制化应用，无须维护底层基础设施；
- 显著降低编码复杂度；
- 内置业务流程自动化机制。

3）PaaS 的特点。

- 基于虚拟化技术实现资源弹性伸缩；
- 部署于远程服务器集群；
- 提供全流程开发支持服务（涵盖开发、测试、部署环节）；
- 支持多用户协同开发环境，内置 Web 服务与数据库集成支持。

4）PaaS 的例子。

PaaS 的例子有阿里云 PaaS、百度智能云 PaaS、华为云 PaaS、腾讯云 PaaS、天翼云 PaaS 等。

（3）IaaS 模型

1）IaaS：基础设施即服务，IaaS 作为云计算基础层，通过虚拟化技术将计算资源转化为可调用服务。企业可通过自助服务门户实时访问并监控计算、网络及存储资源，实现按需采购 IT 基础设施而无须预先购置物理硬件，所有物理设备均由云服务商集中运维管理。

2）IaaS 的优势。

- 提供最灵活的云服务架构；
- 实现存储、网络、算力资源的自动化部署；
- 支持按实际用量计费的资源采购模式；
- 赋予客户基础设施完全控制权限；
- 构建弹性可扩展的技术底座；
- 支持资源配置的动态调整。

3）IaaS 的特点。

- 物理资源虚拟化为标准化服务单元；
- 采用按需付费的计量模式；
- 支持资源实例的快速弹性伸缩（通常为分钟级）；
- 基于多租户架构实现资源复用；
- 提供虚拟资源全配置管理权限；
- 支持混合云部署架构。

4）IaaS 的例子。

Iaas 的例子有阿里云、华为云、腾讯云、天翼云、移动云等。

四、项目需求分析

本项目基于人工智能技术构建智能植物识别系统，着力打造涵盖影像采集、智能分析与云端发布的完整解决方案。项目需构建具备以下核心能力的智能平台：

- 智能化植物影像采集系统；
- 植物识别智能处理引擎；
- 云端发布系统。

五、项目实施

步骤1：大数据技术应用——植物图片采集

（1）数据采集

1）下载八爪鱼采集器并打开网页。

下载八爪鱼采集工具，注册后登录。实验需要输入"植物图片"，因此将百度图片搜索地址复制到采集器输入框中，单击"开始采集"→"自动识别网页内容"→"生成采集措施"，如图2-20至图2-25所示。

图2-20 植物照片地址

图2-21 输入采集数据地址，单击"开始采集"

图2-22 单击"自动识别网页内容"

图2-23 正在识别中(直到100%)

图2-24 单击"生成采集措施"

图 2-25　生成采集措施步骤

2）编辑字段。

双击字段名称，进行修改，调整字段顺序，如图 2-26 所示。

图 2-26　编辑字段

3）启动采集。

①单击右上角"采集"按钮，选择"普通模式"。启动后八爪鱼开始自动采集数据（数据达到要求后可自行停止，如图 2-27 所示）。

图 2-27　根据要求采集数据

②采集完成后，选择合适的导出方式导出数据。支持导出为Excel、CSV、HTML、数据库等。这里导出为Excel。导出前去重，会得到以下表格，如图2-28所示。

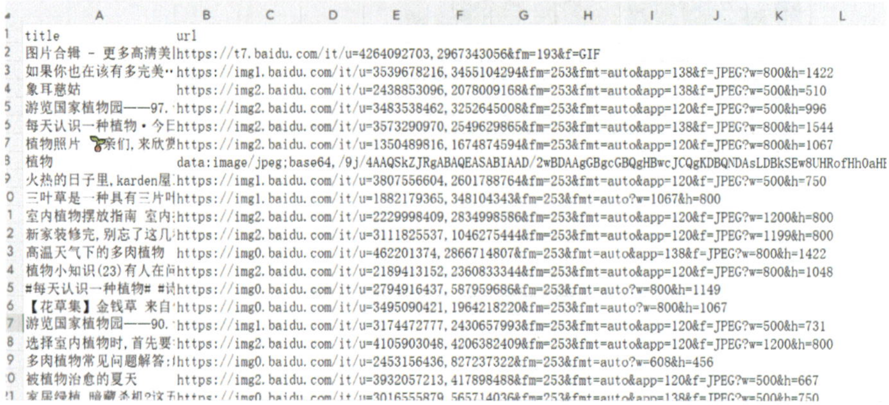

图2-28　Excel采集到的数据

（2）批量下载图片

经过前端八爪鱼采集数据操作，我们已经得到了要采集的图片的URL。接下来，再通过八爪鱼专用的图片批量下载工具，根据Excel表中采集到的图片URL列，下载图片并保存到本地计算机中（见图2-29）。

1）下载八爪鱼图片批量下载工具，双击文件中的MyDownloader.app.exe，打开软件。

2）打开File菜单，选择从Excel导入（目前只支持Excel格式文件）。

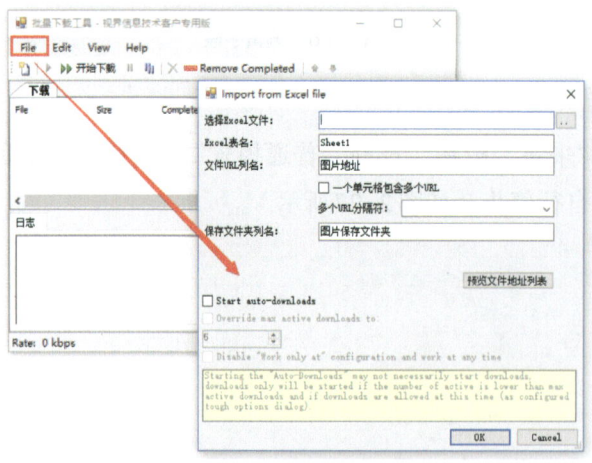

图2-29　选择从Excel导入

3）进行配置。

选择Excel文件：导入需要下载图片地址的Excel文件（见图2-30）。

配置Excel表名、文件URL列名和保存文件夹名。

- Excel表名：对应数据表的名称。
- 文件URL列名：表内对应URL的列名称。
- 保存文件夹名：Excel中需要一个单独的列，列出图片想要保存到文件夹的路径。基于以上Excel表，我们在Excel表中加一个列，列名为"图片保存文件夹"，列中的数据为下载图片后的绝对地址。

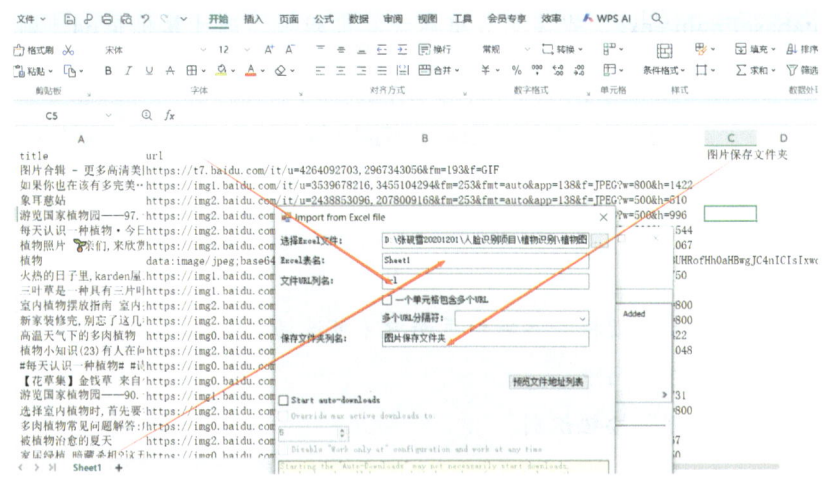

图2-30　配置信息

4）配置完成以后，单击"开始下载"按钮。打开D盘，找到用于保存下载图片的文件夹，查看采集到的图片（见图2-31）。

图2-31　采集下载的图片

⚠ 注意：

1.支持下载的格式

①当采集下来的图片URL，以.jpg、.gif、.png等图片格式结尾时，一般情况下能批量转换为图片文件。

②若采集下来的URL不是以上述图片格式结尾，则可能是网站对此图片链接进行加密仅支持在线查看，有可能不能进行转换。

2. 对有关错误的处理方式

打开Excel时出现错误提示“未在本地计算机上注册‘Microsoft.Ace.OleDb.12.0’提供程序”，若计算机是32位，则需要安装程序附带的一个文件：AccessDatabaseEngine.exe，安装完后重启计算机即可。若计算机是64，则需要安装程序附带的一个文件：AccessDatabaseEngine_X64，安装完后重启计算机即可。

步骤2：人工智能技术应用——植物识别

（1）前端页面（见图2-32）

前端核心功能包括：

- 加载读取数据表中数据并渲染到页面中（可选功能）。
- 选择照片显示在页面中。
- 单击“开始检测”按钮识别。

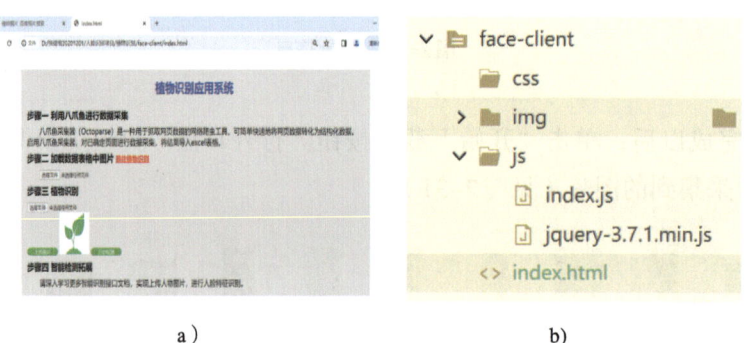

a）

b）

图2-32　前端效果图与前端项目结构

1）HTML页面结构搭建与CSS样式美化页面（见图2-33、图2-34）。

```html
<div class="container">
    <header><h1>植物识别应用系统</h1></header>
    <div class="content">
        <div>
        <h3>步骤一 利用八爪鱼进行数据采集</h3>
        <div class="item">八爪鱼采集器（Octoparse）是一种用于抓取网页数据的网络爬虫工具，可简单快速地将网页数据转化为结构化数据，启用八爪鱼采集器，对已确定页面进行数据
        </div>
        <div id = "data-table">
        <h3>步骤二 加载数据表格中图片 <a href="#dect" style="font-size: 18px;color: red; ">前往植物识别</a> </h3>
        <div class="item"><input type="file" value="加载表格数据"   id="excel-file"></div>

        </div>
        <div>
        <h3>步骤三 植物识别<a name="dect"></a></h3>
            <form id="uploadForm">
              <input type="file" name="image" id="image-file" /><br />

              <input type="button" value="上传图片" onclick="uploadImage()" id = 'upload' />
              <img src="img/default.png" alt="" id="imageDisplay">
               <input type="button" value="开始检测" onclick="startDetect()" id = 'upload' />
            </form>
             <div id = "result"></div>
        </div>
        <div>
            <h3>步骤四 智能检测拓展</h3>
            <div class="item">请深入学习更多智能识别接口文档，实现上传人物图片，进行人脸特征识别。</div>
            </div>
        </div>
        </div>
    </div>
</div>
```

图2-33　HTML页面结构

```
<!DOCTYPE html>
<html>
    <head>
        <meta charset="utf-8" />
        <script src="js/jquery-3.7.1.min.js"></script>
        <script src="https://cdn.bootcss.com/xlsx/0.11.5/xlsx.core.min.js"></script>
        <title></title>
        <style>
            * {
                padding: 0;
                margin: 0;
            }
            .container {
                width: 80%;
                background-color: gainsboro;
                margin: 0 auto;
            }
            header {
                color: blue;
                text-align: center;
            }
            header h1 { padding-top: 20px;}
            .content {
                padding: 20px;
                font-size: 20px;
            }
            h3 {
                margin-bottom: 10px;
                margin-top: 10px;
            }
            .content .item {text-indent: 2em;}
            img {
                width: 100px;
                height: 100px;
            }
            table td {border: 1px solid grey;}
            input[type='button'] {
                background-color: #1a9b34;
                border: none;
                width: 100px;
                color: #fff;
                border-radius: 10px;
            }
            input[type='button']:hover {
                background-color: green;
            }
        </style>
    </head>
```

图2-34 CSS样式

2）加载读取数据表中数据并渲染到页面中功能的实现。在js文件夹下新建index.js，并且在index.html `<script src="js/index.js"> </script>` 引入该文件。具体代码如下：

```
var data = null;
  $('#excel-file').change(function(e) {
      var files = e.target.files;
      var fileReader = new FileReader();
      var persons = []; // 存储获取到的数据
      fileReader.onload = function(ev) {
          try {
              var data = ev.target.result
              var workbook = XLSX.read(data, {
                  type: 'binary'
              }) // 以二进制方式读取并解析完整Excel工作簿对象

          } catch (e) {
              console.log('文件类型不正确');
              return;
          }
          // 表格的表格范围，可用于判断表头数量是否正确
          var fromTo = '';
          // 遍历每张表读取
```

```javascript
                for (var sheet in workbook.Sheets) {
                    if (workbook.Sheets.hasOwnProperty(sheet)) {
                        fromTo = workbook.Sheets[sheet]['!ref'];
                        console.log(fromTo);
                        persons = persons.concat(XLSX.utils.sheet_to_json(workbook.Sheets[sheet]));
                        // break; // 如果只取第一张表，就取消注释
                                  // 这行
                    }
                }
                //在控制台打印出表格中的数据
                data = persons;
                console.log(data);
                createTable(persons.length, 3, 'data-table', persons);
                console.log(data[0].url)
            };
            // 以二进制方式打开文件
            fileReader.readAsBinaryString(files[0]);
            //加载表格数据
        });

        function createTable(rows, cols, parentId, data) {
            var table = document.createElement('table');
            var tbody = document.createElement('tbody');
            // 添加行和单元格
            for (var i = 0; i < rows; i++) {
                var tr = document.createElement('tr');
                var td = document.createElement('td');
                td.textContent = data[i].title;
                tr.appendChild(td);
                td = document.createElement('td');
                td.textContent = data[i].url;
                td.style.width = '500px';
                td.style.wordWrap = 'break-word';
                tr.appendChild(td);
                td = document.createElement('td');
                td.innerHTML = '<img  src=' + data[i].url + '/>';
                tr.appendChild(td);
                tbody.appendChild(tr);
            }
            table.appendChild(tbody);
            // 设置表格样式（可选）
```

```
        table.style.width = '100%';
        table.style.tableLayout = 'fixed';
        table.style.borderCollapse = 'collapse';
        // 获取父节点
        var parentElement = document.getElementById(parentId)
        // 在父节点中插入表格
        parentElement.appendChild(table);
    }
```

3)选择照片显示在页面中功能的实现,代码如图2-35所示。

```
<script>
    $('#image-file').change(function(e) {
        var file = event.target.files[0];
        var reader = new FileReader();
        reader.onload = function(e) {
            document.getElementById('imageDisplay').src = e.target.result;
        };
        reader.readAsDataURL(file);
    });

    function uploadImage() { ... }
</script>
```

图2-35 选择照片显示在页面中功能代码

4)单击"上传图片"按钮,上传图片至服务器接口功能,代码如图2-36所示。

```
function uploadImage() {
    var str = '';
    const formData = new FormData($('#uploadForm')[0]);
    var img = document.createElement('img');
    img.src = formData;
    console.log(formData)
    upload=document.getElementById('upload')
    upload.appendChild(img)

    $.ajax({
        url: 'http://localhost:3000/upload',
        type: 'POST',
        data: formData,
        processData: false,
        contentType: false,
        success: function(response) {
            console.log('Success:', response);
            window.alert("上传成功");
            taskId = response.data.task_id;
        },
        error: function(error) {
            console.error('Error:', error);
        }
    });
}
```

图2-36 图片上传服务器功能代码

5）单击"开始检测"按钮进行植物识别，代码如图2-37所示。

```javascript
function startDetect(){
    $.ajax({
        url: 'http://localhost:3000/detect',
        type: 'POST',
        data: taskId,
        processData: false,
        contentType: false,
        success: function(response) {
          console.log('Success:', response);
          document.getElementById('result').innerHTML = response;
        },
        error: function(error) {
          console.error('Error:', error);
        }
    });
}
```

图2-37　调用服务器图像检测接口功能代码

（2）后端服务

后端使用nodejs创建微型服务器，使用百度AI开放平台的"图像内容理解"接口进行植物检测功能，后端服务文件结构如图2-38所示。

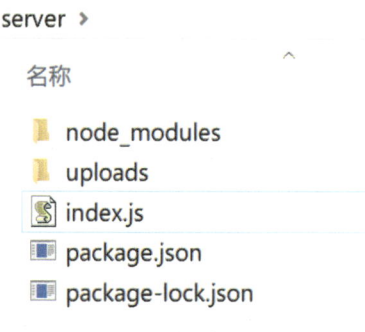

图2-38　后端服务文件结构

百度AI图像内容理解接口使用说明可在百度网站查询。

需要首先建立应用，通过API Key和Secret Key获取access_token。

代码如下。

```javascript
const express = require('express');
const cors = require('cors');
const multer = require('multer');
const axios = require('axios');
const fs = require('fs');
const path = require('path');
```

```javascript
const app = express();
const token = 'XXXXX';//这里需要用户自己通过API Key和Secret Key获取的access_token
const upload = multer({ dest: 'uploads/' });
var taskid = '';

app.post('/upload', upload.single('image'), async (req, res) => {
  const imagePath = req.file.path;
  const imageData = fs.readFileSync(imagePath);
  const imageBase64 = imageData.toString('base64');

  try {
//处理图像内容理解-提交请求,获得task_id
    const response = await axios.post('https://aip.baidubce.com/rest/2.0/image-classify/v1/image-understanding/request?access_token='+token, {

      image: imageBase64,
      question:'图中植物是什么? 请进行简单介绍'

    }, {
      headers: {
        'Content-Type': 'application/json',
      },
    });

    // 处理faceplusplus的响应
    console.log(response.data.result.task_id);
 taskid = response.data.result.task_id;
 res.setHeader('Access-Control-Allow-Origin', '*')//解决跨域
                                                  // 问题
    res.json(response.data);
  }catch(error) {
    console.error(error);
    res.status(500).send('Error processing the image');
  }

  // 清理文件
  fs.unlink(imagePath, (err) => {
    if (err) console.log(err);
  });
});
async function main(res) {
```

```javascript
        //处理图像内容理解-获得结果
        var options = {
            'method': 'POST',
             'url': 'https://aip.baidubce.com/rest/2.0/image-classify/v1/image-understanding/get-result?access_token=' + token,
            'headers': {
                'Content-Type': 'application/json'
            },
            data: JSON.stringify({
                "task_id": taskid
            })

        };

        axios(options)
            .then(response => {
                console.log(response.data.result.description);
    res.setHeader('Access-Control-Allow-Origin', '*')//解决跨域问题
        res.json(response.data.result.description);

            })
            .catch(error => {
                throw new Error(error);
            })
}
app.post('/detect', async (req, res) => {


  try {

    main(res)

  }catch(error) {
    console.error(error);
    res.status(500).send('Error processing the image');
  }
});

const PORT = 3000;
app.listen(PORT, () => {
  console.log('Server is running on port ${PORT}');
});
```

至此，步骤2完成，可以在本地进行植物识别体验，如图2-39所示。

图2-39　本地部署运行效果

> ⚠️ **注意：**
> 单击"上传图片"按钮后，需要等待10秒再单击"开始检测"按钮。

步骤3：云计算技术应用——植物识别应用的发布

（1）腾讯云申请轻量云服务器与安装宝塔面板

1）注册腾讯云账号并完成实名认证。在腾讯云购买轻量应用服务器，首先需要有腾讯云账号并且完成实名认证。关于腾讯云账号注册及实名认证教程，可参考官方文档。

2）选择轻量应用服务器并安装宝塔面板。

① "镜像"选择宝塔Linux面板腾讯云专享版，地域选择遵循就近原则。本书以腾讯云服务网为例，选择上海地域，选择完成后，腾讯云会自动在你的腾讯云账号下创建一台轻量应用服务器，如图2-40所示。

② 在轻量应用服务器防火墙中开启8888端口。宝塔面板依赖轻量服务器的8888端口，轻量服务器端口是在防火墙中配置的。

登录到轻量应用服务器管理控制台。找到"防火墙"标签，单击"添加规则"标签，如图2-41所示。

图2-40　选择镜像

图2-41 防火墙开启8888端口

在"添加规则"页面,开通8888端口号,如图2-42所示。

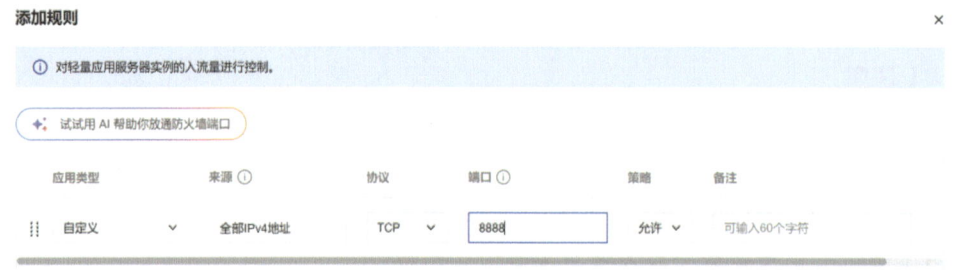

图2-42 添加规则

- 应用类型:自定义。
- 限制来源:不勾选开启,默认是允许所有IPv4地址使用这个8888端口,0.0.0.0/0代表所有的IPv4地址。
- 协议:TCP。
- 端口:8888。
- 策略:允许。

以上是开通8888端口的方法。其他端口的开启方法也是一样的,想开启哪个端口,就填写哪个端口号。

③设置轻量服务器远程连接密码。购买轻量应用服务器时没有设置密码,可以通过重置密码的方式设置密码。

- 登录到轻量应用服务器管理控制台。
- 在左侧栏"服务器"中找到目标轻量应用服务器,并单击进入。
- 在右上角找到"重置密码"标签,如图2-43所示。

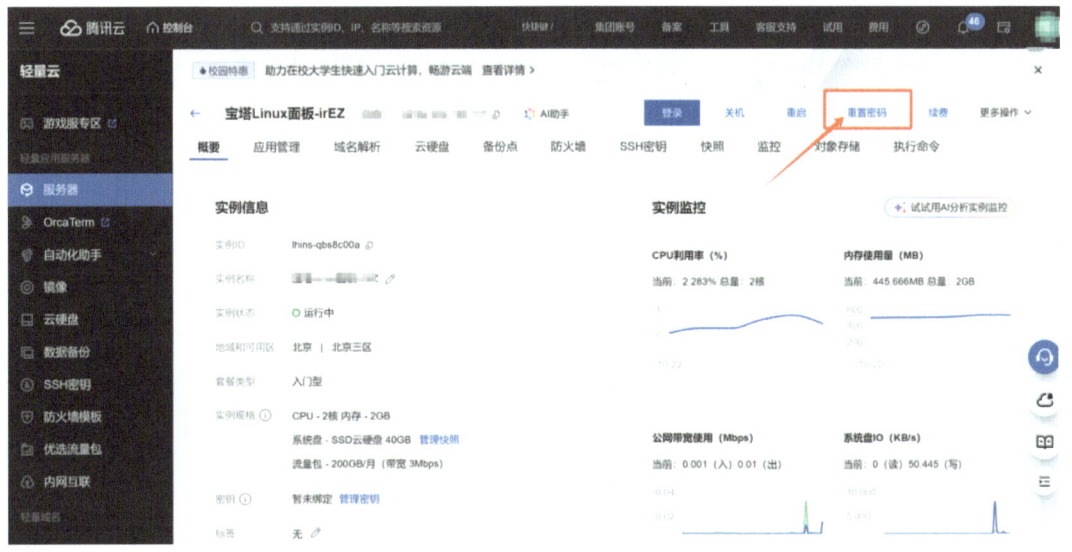

图2-43 设置轻量服务器远程连接密码

④获取宝塔面板登录管理地址、账号和密码。

- 登录到轻量应用服务器管理控制台。
- 找到"应用管理",复制宝塔面板信息查询命令,如图2-44所示。

⑤单击"登录"按钮(见图2-45),远程连接登录到轻量应用服务器,在控制台粘贴宝塔面板的地址、账号和密码的查询命令:sudo /etc/init.d/bt default。

图2-44 复制查询命令　　　　图2-45 远程连接登录到轻量应用服务器

如图2-45所示,单击"登录"按钮,在打开的腾讯云OrcaTerm窗口,粘贴刚刚复制的宝塔查询命令,然后按Enter键,即可显示宝塔面板外网面板地址、内网面板地址、username和password,图2-46所示为返回的宝塔面板账号信息,复制并保存好。

图2-46 获取宝塔面板账号信息

（2）登录宝塔面板，并安装LNMP环境

1）在浏览器中输入宝塔外网面板地址，打开后如图2-47所示。输入宝塔面板的账号和密码，然后单击"登录"按钮。

2）第一次登录会显示宝塔面板推荐安装套件，选择LNMP（推荐），并单击"一键安装"按钮，如图2-48所示。然后，宝塔面板会自动为轻量服务器安装Nginx、MySQL、Pure-Ftpd、PHP和phpMyAdmin等WordPress所需的Web环境。等待3分钟左右，宝塔面板即可自动安装完成网站程序所需的LAMP Web环境。

图2-47 登录宝塔面板

图2-48 安装LNMP套件

（3）安装与配置前端项目

1）将前端项目上传到宝塔面板的根目录（见图2-49），把文件放到该文件夹中，注意静态页面主页名要为index.html。

图2-49 前端项目上传

2）单击左栏的"网站"，单击HTML项目，单击"添加HTML项目"标签，如图2-50所示。

图2-50 添加HTML项目

3）在"防火墙"选项卡中打开9090端口，在宝塔面板安全打开9090端口（见图2-51、图2-52）。

图2-51 在"防火墙"选项卡打开9090端口

图2-52 打开轻量服务器9090端口

4)浏览器访问(见图2-53)。

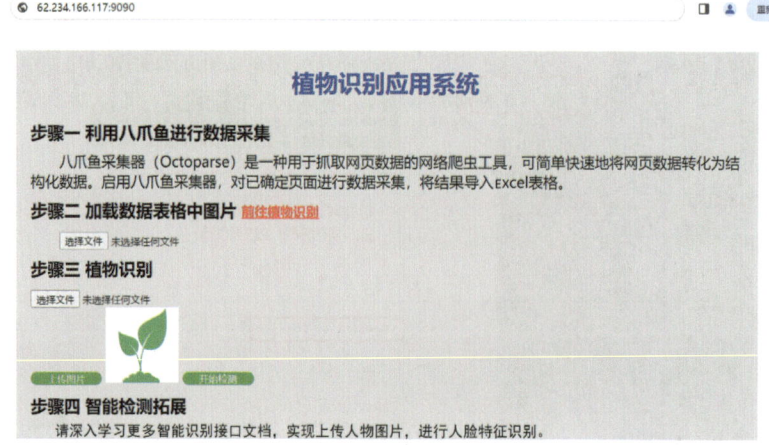

图2-53 浏览器访问项目

(4)安装与配置后端服务项目

1)安装Node。

在宝塔导航栏中选择"网站",然后选择Node项目,单击下方的"Node版本管理器"标签,并安装Node。操作如图2-54、图2-55所示。

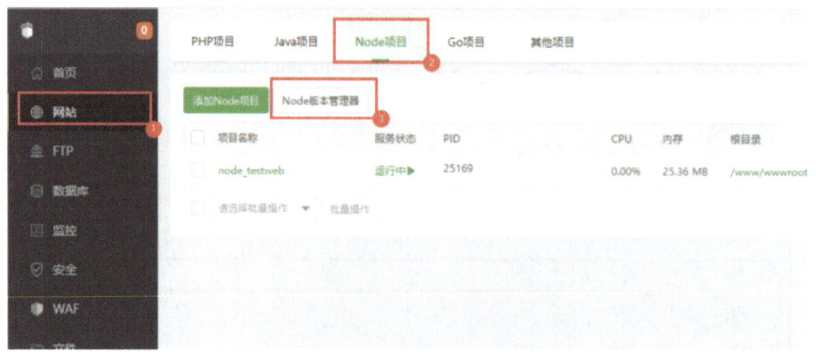

图2-54 选择Node版本管理器

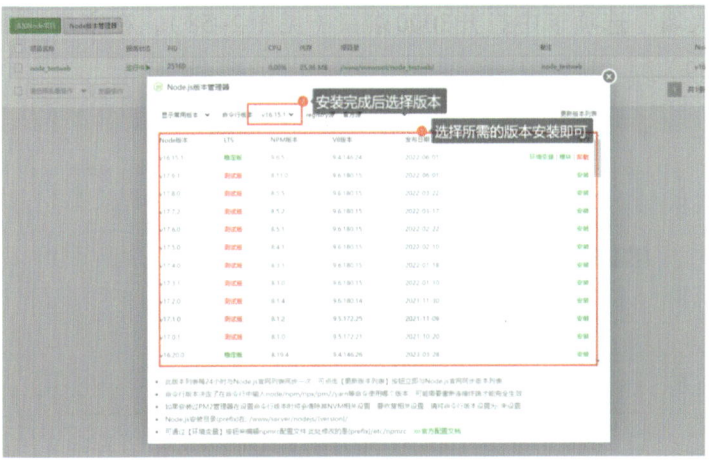

图 2-55　安装 Node

2）上传项目。

①在导航栏选择文件，项目放在 /www/wwwroot 下，操作如图 2-56 所示。

图 2-56　上传项目

②回到网站里面的 Node 项目，添加 Node 项目（见图 2-57）。

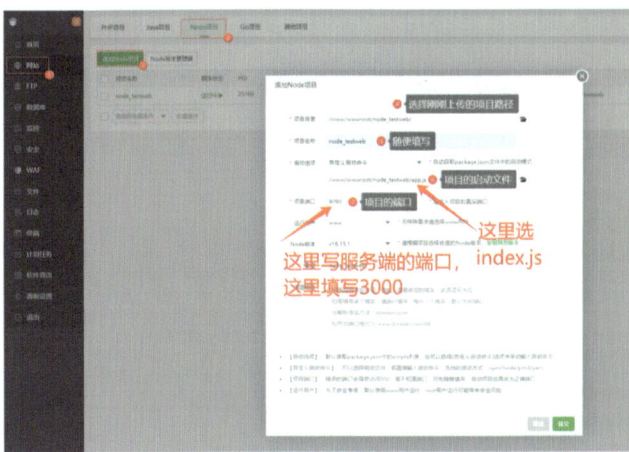

图 2-57　添加 Node 项目

③在"防火墙"选项卡中打开3000端口（见图2-58），在宝塔面板安全打开3000端口（见图2-59）。

图2-58　打开宝塔3000端口

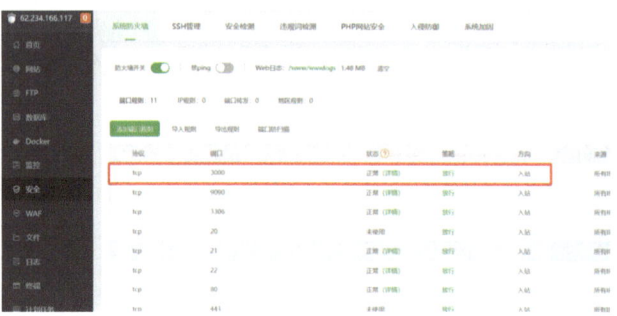

图2-59　打开轻量服务器3000端口

六、项目展示

后端项目部署完成后，前端页面选择一张图片进行植物检测，结果展示如图2-60所示。

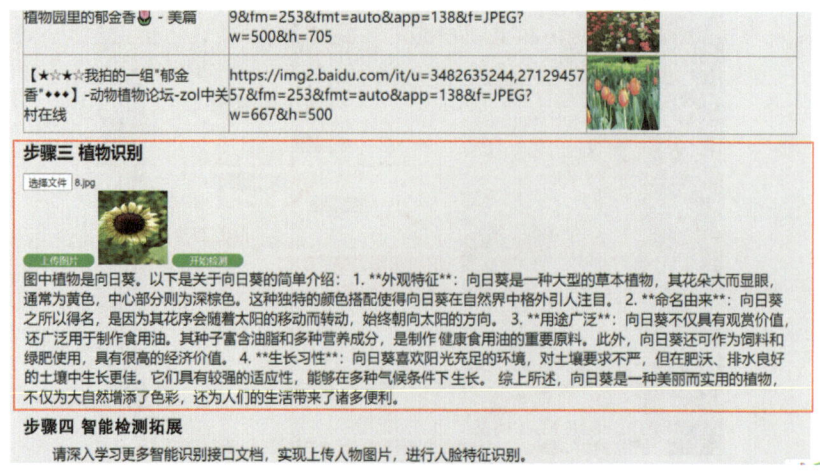

图2-60　项目结果展示

七、项目拓展

各团队完善项目需求，在"智能识别"基础上思考并实践以下扩展或改进功能，以实现更多的应用需求。

1）在现有项目基础上，增加植物养护知识库功能，收集、整理常见植物的养护知识，如浇水频率、光照需求、施肥时间等，当用户识别出植物后，系统能自动从知识库中调出对应植物的养护知识并展示给用户。

2）增加用户个性化推荐功能，根据用户的浏览历史、识别过的植物种类等，为用户推荐可能感兴趣的植物品种以及相关的养护文章、盆栽搭配方案等。

3）添加社区交流功能，让用户可以分享自己的植物养护经验、展示自己的盆栽成果，与其他用户进行互动交流，还能对其他用户的分享进行点赞、评论等操作。

八、项目小结

本项目系统阐述了人工智能导论的基础理论知识，首先明确了人工智能的基本定义与技术演进脉络，继而分别解析智能识别、无人驾驶、智能助理等核心技术的原理与发展现状。通过梳理各技术领域典型应用案例，帮助学生系统掌握当前前沿技术领域的发展动态，理解人工智能技术的应用场景及关键特征。

九、在线测试

扫描二维码，完成本项目的在线测试题，完成后可查看答案。

十、创意项目池

要求：填写表2-6，对项目进行简单介绍，描述项目的来源或痛点，并为项目起一个令人印象深刻的名字；项目池里的项目越多越好。可视完成情况在班级内进行交流讨论和共享。

表2-6 创意项目池2

拟定项目1： 简要说明：
拟定项目2： 简要说明：
拟定项目3： 简要说明：

十一、项目工单

要求：创建团队（2~3人），对创意项目池中的项目进行创意设计，并完成项目工单（见表2-7）。

表2-7 项目二工单

团队名称		成员姓名	
项目名称			
创意设计	环节1：创意项目思维导图绘制		
	环节2：项目元件连接图		
	环节3：项目逻辑简图		
	环节4：创意项目运营方案		

模块二
创客产品制作

创客项目设计与制作
（AI赋能版）

PROJECT 3
项目三 智能共享盆栽养护系统

知识目标

- 掌握 Arduino IDE 编程环境。
- 掌握 Arduino Uno 开发板与电子元件的装配与调试。

能力目标

- 能够熟练使用 Arduino IDE 进行基础程序开发。
- 能独立完成 Arduino 硬件连接和调试,确保系统正常运行。
- 能完成养护系统的设计、搭建与功能演示。

素质目标

- 提高团队协作能力。
- 提升创新能力,实现拓展功能的自主设计能力。

一、项目情境

掌握编程与 AI 理论的小李仍难复现展览级作品,学长指出其缺失硬件开发能力。因此,针对性展开 Arduino 特训:讲解并演示串口通信、LED 灯、LCD 液晶、光控灯等硬件的作用及使用方法,同步解析"智能共享盆栽养护系统"(见图3-1)项目源码。

图3-1 智能共享盆栽养护系统

二、项目准备

1.素材准备

项目材料清单见表3-1。

表3-1 项目材料清单

材料名称	材料数量
Arduino UNO 主板	1
温湿度传感器 DHT11	1

（续）

材料名称	材料数量
土壤湿度传感器	1
继电器	1
LED显示器	1
水泵	1
塑料水管	
面包板	1
杜邦线	若干

2. 技术准备

- 完成Arduino开发环境搭建。
- 搭建电路。
- 编写Arduino程序。
- 上传Arduino程序。
- 项目测试。

3. 思维导图

项目三实施流程思维导图如图3-2所示。

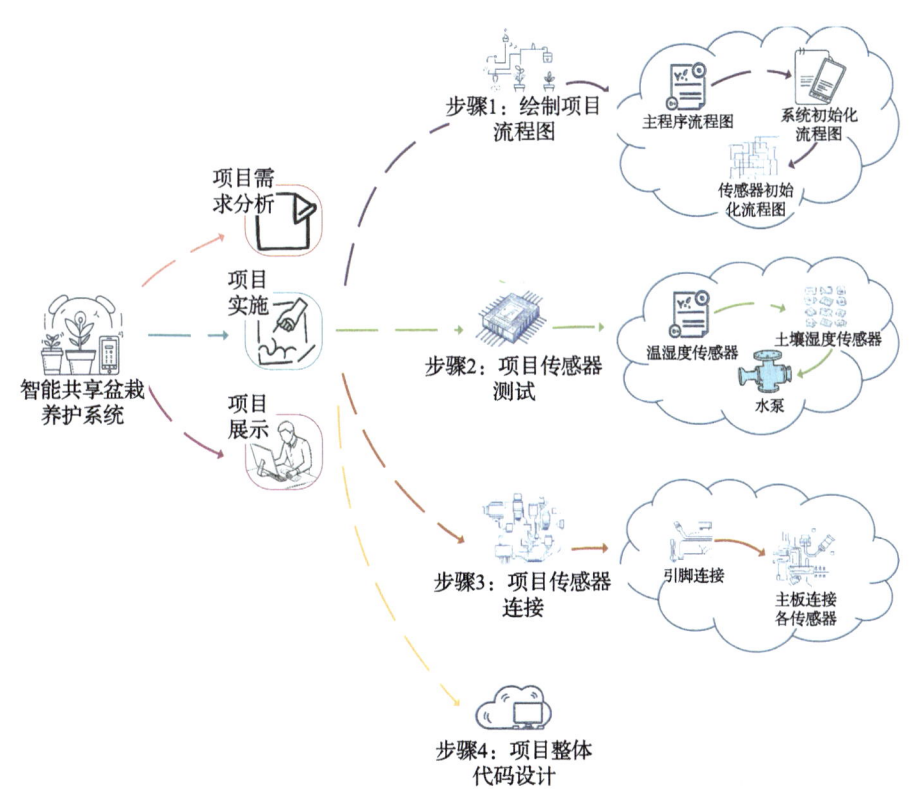

图3-2 项目三实施流程思维导图

三、相关知识点

（一）初识Arduino

1. Arduino简介

（1）什么是Arduino

Arduino是用于感知和控制物理世界的工具组合，由基于单片机、开源设计的硬件平台，以及专为Arduino开发板（见图3-3）设计的程序开发环境构成。

Arduino开发板基于多种微处理器和控制器设计，配备数字/模拟输入/输出（I/O）接口，可连接扩展板（Shield模块）及其他外围电路。设备集成串行通信接口（部分型号含USB端口），该接口同时承担从计算机加载程序的传输功能。其开发环境支持标准C/C++编程语言进行微控制器编程。

图3-3　Arduino开发板

（2）为什么选择Arduino

多款单片机平台适用于交互式系统开发，如Parallax Basic Stamp、Netmedia BX-24、Phidgets及MIT Handyboard等同类产品。这些工具均封装底层开发细节，提供易用的技术框架。Arduino在简化开发流程的同时，相较其他平台具备显著优势，尤其适用于教育场景及电子爱好者。

（3）Arduino的核心优势

1）硬件成本低于同类产品30%~50%。

2）支持Windows/macOS/Linux多系统开发环境。

3）集成图形化编程界面（支持代码自动补全）。

4）软硬件开源架构（MIT协议）。

5）模块化扩展设计（兼容500+传感器模块）。

2. Arduino的发展历程

Arduino开发板诞生于2005年，由意大利的Massimo Banzi团队设计，旨在为艺术家和设计师提供一款简单易用的开源电子原型平台。

2016年，团队推出Arduino UNO R3迭代版本，主要升级包括：

1）集成USB/外部电源自动切换电路；

2）增加软件复位功能；

3）主控芯片升级至ATmega328P（SRAM增至2KB，Flash扩容至32KB）；

4）优化I/O驱动能力。

该版本凭借其性能优势成为主流应用型号。

（二）Arduino基础

1. Arduino程序结构

Arduino开发框架已预定义标准程序入口main函数，开发者只需专注以下两个核心函数实现。

（1）setup()

该函数在设备上电或硬件复位时自动执行，负责完成变量初始化、引脚工作模式配置、库函数加载等一次性初始化操作，整个生命周期仅运行一次。

（2）loop()

在setup()完成初始化后，该函数进入持续循环执行状态，实现设备状态的实时监控与响应控制。开发者通过编写loop()函数逻辑，可构建Arduino系统的动态控制流程。

2. C/C++语言基础

（1）控制结构：if

通过if指令，用户可以让Arduino判断某一个条件是否达到，并且根据这一判断结果执行相应的程序。

程序结构流程图如图3-4所示。

```
if(表达式) {

    语句块

}
```

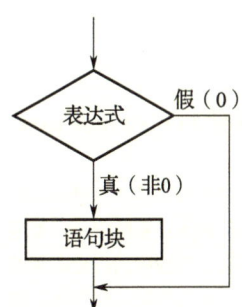

图3-4　if程序结构流程图

（2）控制结构：if-else

if-else条件控制结构使Arduino能够执行逻辑判断：系统首先评估给定条件是否成立，当条件成立时执行if分支代码块，否则执行else分支代码块，实现双路径程序执行控制。

程序结构流程图如图3-5所示。

```
if( 表达式1 ) {

    语句块1

} else {

    语句块2

}
```

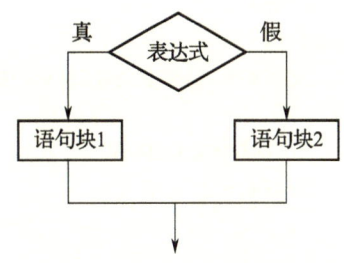

图3-5　if-else程序结构流程图

（3）控制结构：for

for循环结构用于控制代码块的重复执行，其标准语法包含循环计数器初始化、终止条件判定及迭代操作（如计数器递增/递减）三个核心组件。该结构为处理需精确控制次数的迭代任务提供标准化实现方案。

程序结构流程图如图3-6所示。

```
for(表达式1; 表达式2; 表达式3){

语句块

}
```

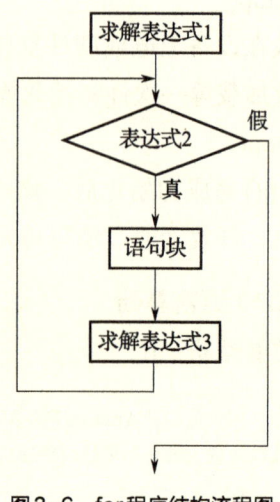

图3-6　for程序结构流程图

（4）控制结构：switch-case

switch-case条件控制结构为Arduino提供多分支执行逻辑，其工作原理如下：系统将目标变量与各case标签值进行严格匹配，当检测到完全匹配的case分支时，即执行该分支对应的代码块。执行流程将持续至遇到break语句或switch结构后结束。

程序结构流程图如图3-7所示。

```
switch (var) {
    case 1:
        //当var等于1时执行这里的程序
        break;
    case 2:
        //当var等于2时执行这里的程序
        break;
    default:
        // 如果var的值与以上case中的值都不匹配
        // 则执行这里的程序
        break;
}
```

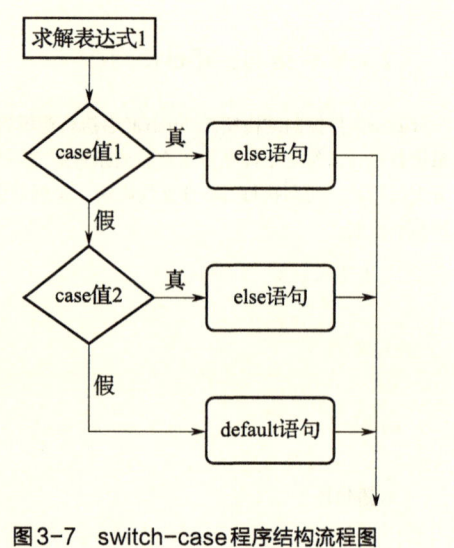

图3-7　switch-case程序结构流程图

（5）控制结构：while

while循环结构执行机制：当循环条件表达式为真时，持续执行代码块，其终止条件取决于表达式值的动态变化。开发者需确保循环控制变量通过以下方式实现状态变更：

循环体内执行变量迭代（如i++）；

引入外部输入参数（如sensorValue = analogRead(A0)）。

程序结构流程图如图3-8所示。

```
while(表达式/循环条件){

语句块/循环体

}
```

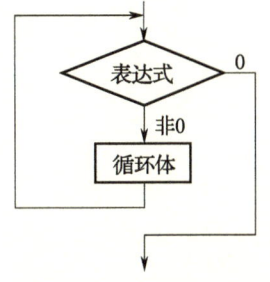

图3-8　while程序结构流程图

> ⚠ 注意：
> 1. 若循环条件初始值为true且无变量修改，将引发死循环。
> 2. 表达式检测在每次循环迭代前执行。
> 3. 推荐使用显式终止条件（如counter < 100）。

（6）控制结构：do-while

do-while与while循环均基于条件控制迭代，其核心差异在于条件检测时序：do-while采用后置条件检测机制，确保循环体至少执行一次；而while循环在迭代前进行条件判定，存在零次执行的可能。

程序结构流程图如图3-9所示。

```
do{

语句块

} while(表达式);
```

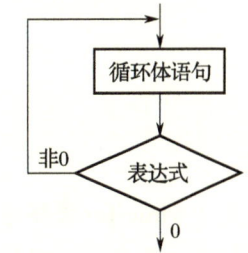

图3-9　do-while程序结构流程图

（7）控制结构——特殊关键词
- break

break用于绕过正常循环条件并中止do、for或while循环。它也可用于中止switch语句。

```
for(表达式1；表达式2；表达式3){

条件
break;

}
```

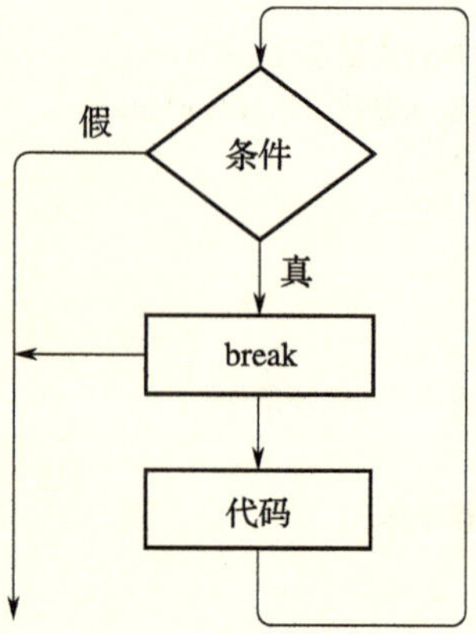

程序结构流程图如图3-10所示。

图3-10　break程序结构流程图

- continue

continue语句在循环控制流中实现特定跳转功能：当执行该语句时，将立即终止当前迭代周期，直接转入循环条件判断环节（while结构）或执行迭代表达式（for结构）。

程序结构流程图如图3-11所示。

```
for(表达式1；表达式2；表达式3){

条件
continue;

}
```

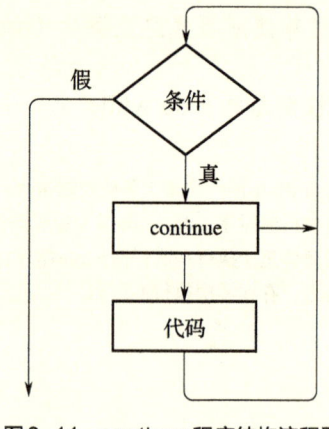

图3-11　continue程序结构流程图

⚠ 注意：

1. 仅适用于while/for循环结构。
2. 必须包含在条件判断逻辑内，否则将导致代码逻辑错误。
3. 跳转后不终止循环整体执行流程。

- return

return语句具备双重核心功能：
- 执行流程控制：立即终止当前函数执行，将程序控制权返还至上级调用函数。
- 数据传递机制：通过值传递方式向调用栈返回指定类型数据（若函数定义包含返回类型）。

程序结构流程图如图3-12所示。

```
for(表达式1；表达式2；表达式3){

条件
return 值；

}
```

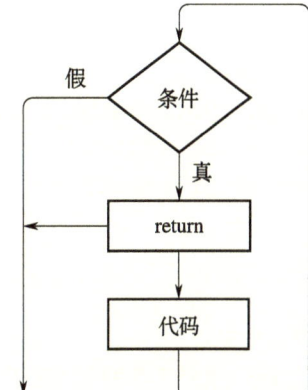

图3-12　return程序结构流程图

3.常用函数

（1）available

available()函数可用于检查设备是否接收到数据。该函数将会返回等待读取的数据字节数。available()函数属于Stream类。该函数可被Stream类的子类所使用。

语法：

stream.available()

注：此处stream为概念对象名称。在实际使用过程中，需要根据实际使用的stream子类对象名称进行替换。如：

serial.available()；wifiClient.available()

（2）find

find函数可用于从设备接收到的数据中寻找指定字符串信息。当函数找到了指定字符串信息后，将会立即结束函数执行并且返回"真"，否则将会返回"假"。

语法：

stream.find（target）

⚠️注意：此处stream为概念对象名称。在实际使用过程中，需要根据实际使用的stream子类对象名称进行替换。

参数：target即被查找字符串。允许使用string或char类型。

学习案例 01　　接收串口数据

1）案例简介。

初始化串口通信，并在循环中检查是否有数据通过串口发送到Arduino。一旦接收到数据，程序就会通过串口监视器打印出通知信息，并显示接收到的数据内容。

2）程序代码。

```
void setup() {
  // put your setup code here, to run once:
  Serial.begin(9600);
  Serial.println();

}

void loop() {
  // put your main code here, to run repeatedly:
  if (Serial.available()) {
  // 当串口接收到信息后
    Serial.println("Serial Data Available...");
  // 通过串口监视器通知用户

    String serialData = Serial.readString();
  // 将接收到的信息使用readString()存储于serialData变量
    Serial.print("Received Serial Data: ");
  // 然后通过串口监视器输出serialData变量内容
    Serial.println(serialData);
  // 以便查看serialData变量的信息
  }
}
```

学习案例 02　　检测字符信息

1）案例简介。

通过串口通信接收数据，并在接收到的数据中查找特定的字符串。

2）程序代码。

```
void setup() {
  // 启动串口通信
  Serial.begin(9600);
  Serial.println();
}
```

```
void loop() {
  if (Serial.available()){
    // 当串口接收到信息后
    Serial.println("Serial Data Available...");
    // 通过串口监视器通知
    // 用户系统开始查找指定信息
     Serial.print("system is trying to find"); Serial.println("^_^");

    // 执行查找并通过串口监视器输出查找结果
    if(Serial.find("^_^")) {
        Serial.print("Great! System found"); Serial.println("^_^");
    } else {
        Serial.print("Sorry System can't find"); Serial.println("^_^");
    }
    Serial.println("");
  }
}
```

（三）数字IO口的使用

如图3-13所示，数字信号是以0、1表示的电平不连续变化的信号，也就是以二进制的形式表示的信号。在Arduino中数字信号通过高低电平来表示，高电平为数字信号1，低电平为数字信号0。

微课3-3
数字IO口的使用
（数字信号）

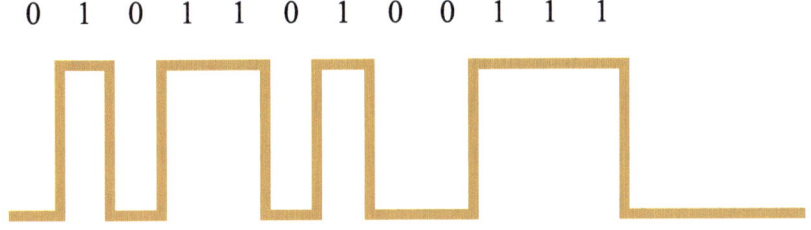

图3-13　高低电平示意图

（1）Arduino UNO开发板介绍（见图3-14）

Arduino UNO上每一个带有数字编号的引脚都是数字引脚，包括写有"A"编号的模拟输入引脚。使用这些引脚，可以完成输入/输出数字信号的功能。

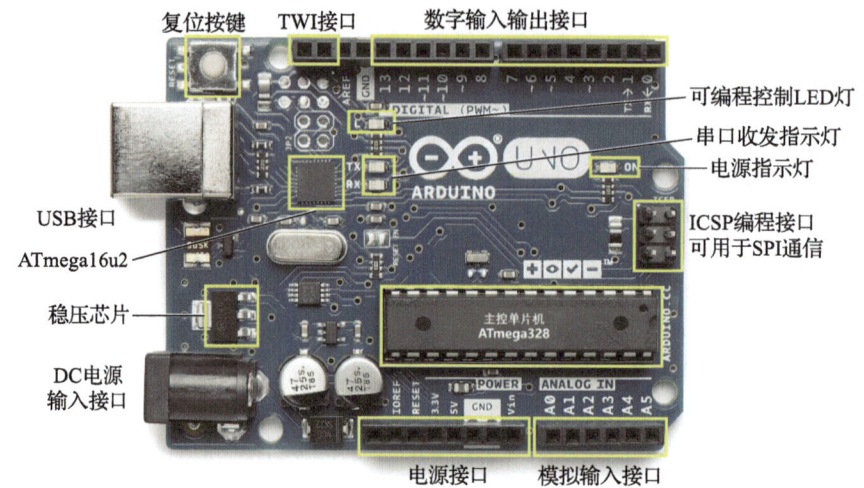

图3-14 Arduino UNO开发板介绍图

（2）pinMode()

pinMode()函数用来配置Arduino引脚为输入或输出模式，是一个无返回值的函数，参数pin表示所要配置的引脚，取值0~13，Mode表示需要的模式是INPUT或OUTPUT。该函数一般用在初始化部分。

通过pinMode()函数，可以将Arduino的引脚配置为以下三种模式：

- 输入（INPUT）模式；
- 输出（OUTPUT）模式；
- 输入上拉（INPUT_PULLUP）模式（仅支持Arduino 1.0.1以后的版本）。

1）输入模式：当引脚设置为输入（INPUT）模式时，引脚为高阻抗状态（100MΩ）。此时该引脚可用于读取传感器信号或开关信号。

2）输出模式：当引脚设置为输出（OUTPUT）模式时，引脚为低阻抗状态。这意味着Arduino可以向其他电路元器件提供电流。也就是说，Arduino引脚在输出（OUTPUT）模式下可以点亮LED或者驱动电机。如果被驱动的电机需要超过40mA的电流，Arduino将需要晶体管或其他辅助元件来驱动他们。

3）输入上拉模式：Arduino微控制器自带内部上拉电阻。如果需要使用该内部上拉电阻，可以通过pinMode()将引脚设置为输入上拉（INPUT_PULLUP）模式。

> ⚠️ **注意**：当Arduino引脚设置为输入（INPUT）模式或者输入上拉（INPUT_PULLUP）模式时，请勿将该引脚与负压或者高于5V的电压相连，否则可能会损坏Arduino控制器。

pinMode()函数用于将特定引脚配置为输入或输出，可以使用INPUT_PULLUP模式启用内部上拉电阻。此外，INPUT模式显示禁止内部上拉。

函数语法：

```
Void setup () {
pinMode (pin , mode);
}
```

- pin：设置模式的引脚的编号；
- mode：INPUT，OUTPUT 或 INPUT_PULLUP。

（3）digitalWrite()

说明：将数字引脚写 HIGH（高电平）或 LOW（低电平）。

HIGH 的含义取决于 Arduino 的引脚设置。当引脚设置为输入模式（INPUT）或输出模式（OUTPUT）时，HIGH 的含义有所不同。

1）Arduino 引脚设置为输入模式（INPUT）时。

当引脚通过 pinMode() 被设置为输入模式（INPUT），并通过 digitalRead() 指令读取时，该 Arduino 引脚会在引脚的电压大于等于 3V 时返回 HIGH。

2）Arduino 引脚设置为输出模式（OUTPUT）时。

当一个引脚通过 pinMode() 被设置为输出模式（OUTPUT），并通过 digitalWrite() 将该引脚设置为 HIGH 时，该引脚将输出 5V 电压。在这种情况下，该引脚可以驱动外部电路，如通过串联限流电阻驱动 LED。

函数语法：

```
Void loop() {
    digitalWrite (pin ,value);
}
```

- pin：设置模式的引脚的编号；
- value：HIGH 或 LOW。

（4）digitalRead()

digitalRead 函数在引脚为输入模式（INPUT）时，可获得引脚的电压情况，即 HIGH（高电平）或 LOW（低电平），参数 pin 表示所要读取的引脚，该函数返回值为 int，表示引脚的电压情况。

函数语法：

```
digitalRead(pin)
```

- pin：被读取的引脚号码；
- 返回值：HIGH 或 LOW。

学习案例 03　控制二极管

1）案例简介。

控制连接到Arduino开发板上特定引脚的二极管（通常使用LED作为指示灯）。程序通过Arduino的数字输出引脚周期性地打开和关闭LED，产生闪烁效果。

2）实验线路连接图见图3-15。

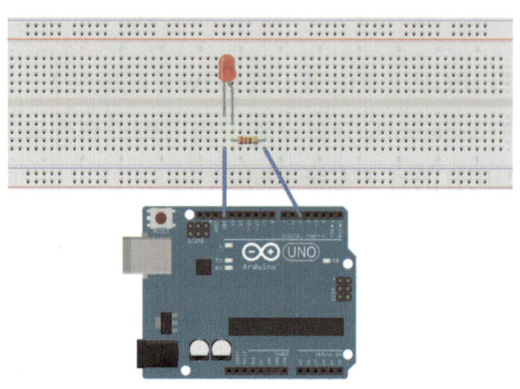

图3-15　控制二极管实验线路连接图

3）程序代码：

```
int ledPin = 5;
  // 当Arduino控制器通电或复位后，setup函数会运行一次
void setup() {
  // 将引脚ledPin设置为输出（OUTPUT）模式
  pinMode(ledPin, OUTPUT);
// 当Arduino控制器通电或复位后，loop函数会反复运行
void loop() {
  digitalWrite(ledPin, HIGH);      // 引脚ledPin高电平，点亮LED
  delay(1000);                     // 等待1秒
  digitalWrite(ledPin, LOW);       // 引脚ledPin低电平，关闭LED
  delay(1000);                     // 等待1秒
}
```

（四）模拟IO口的使用

（1）模拟IO的简介

微课3-4
模拟IO口的使用
（模拟信号）

在Arduino，编号前带有"A"的引脚是模拟输入引脚，Arduino可以读取这些引脚上输入的模拟值，也就是可以读取引脚上输入的电压大小。

模拟输入引脚带有ADC功能，它可以将外部输入的模拟信号转换为芯片运算时可以识别的数字信号，从而实现读取模拟值的功能。

使用AVR芯片的Arduino模拟输入功能具有10位精度，这意味着0~5V电压将被转换成0~1023的整数数值。

模拟输入功能需要使用analogRead（pin）函数，其中pin是读取模拟值的引脚，被指定的引脚必须是模拟输入引脚。

（2）analogRead指令

本指令用于从Arduino的模拟输入引脚读取数值。

例如：当模拟输入引脚的输入电压为2.5V的时候，该引脚的数值为512。

```
(2.5V / 5V = 0.5, 1024×0.5 ?＝512)
```

引脚的输入范围以及解析度可以使用analogReference()指令进行调整。

Arduino控制器每次读取模拟输入需要消耗100微秒的时间（0.0001秒），因此其最大采样频率是每秒10000次。

读取模拟输入引脚数值

1）案例简介。

初始化阶段设置串口通信的波特率为9600，然后在主循环中不断读取A0引脚的模拟信号值，并将该值通过串口监视器以数字形式显示出来，数值范围在0~1023之间。

2）程序代码。

```
int val = 0; //变量val用来存储模拟输入信号
void setup()
{
Serial.begin(9600); //Arduino串口通信初始化
}
void loop()
{
  val = analogRead(A0); //读取引脚A0输入信号
  Serial.println(val); //将A0输入信号转换为0~1023之间的数值，并且通
                      //过串口监视器显示
}
```

（3）analogWrite指令

本指令用于将一个模拟数值写进Arduino引脚。这个操作可以用来控制LED的亮度，或者控制电机的转速．Arduino每一次对引脚执行analogWrite()指令，都会给该引脚一个固定频率的PWM信号。PWM信号的频率大约为490Hz。

在Arduino UNO控制器中，5号引脚和6号引脚的PWM频率为980Hz。在一些基于ATmega168和ATmega328的Arduino控制器中，analogWrite()函数支持以下引脚：3，5，

6、9、10、11。

在Arduino Mega控制器中,该函数支持引脚2~13和44~46。使用ATmega8的Arduino控制器中,该函数只支持引脚9、10和11。

学习案例 05　读取引脚信号转换数值

1）案例简介。

将3号引脚设置为输出以控制LED,并持续读取A0引脚的模拟输入信号。读取的信号值被除以4后（以限制在0~255范围内）,通过PWM(脉宽调制)方式输出到3号引脚,从而调节LED的亮度。

2）程序代码。

```
int ledPin = 3; // 引脚3连接LED
int val = 0; //变量val用来存储模拟输入信号
void setup()
{
pinMode(ledPin, OUTPUT); // 将连接LED的引脚设置为输出模式
}
void loop()
{
  val = analogRead(A0); //读取引脚A0的输入信号,并将该数值赋给变量val
 // 将引脚A0读取的数值转换为0~255之间
 // 并将该数值写入引脚3
  analogWrite(ledPin, val / 4);
}
```

学习案例 06　调控二极管亮度

1）案例简介。

使用Arduino的PWM（脉宽调制）功能,通过其数字输出引脚的二极管（通常是LED）的亮度。

2）实验线路连接图见图3-16。

3）程序代码。

```
int potpin=0;//定义模拟接口0
int ledpin=11;//定义数字接口11（PWM 输出）
int val=0;//暂存来自传感器的变量数值
void setup()
{
```

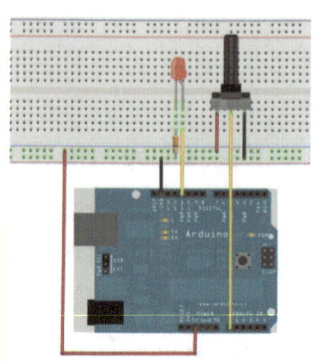

图3-16　调控二极管亮度实验线路连接图

```
  pinMode(ledpin,OUTPUT);//定义数字接口11为输出
  Serial.begin(9600);//设置波特率为9600
}
void loop()
{
  //读取引脚A0的输入信号，并将该数值赋给变量val
  val = analogRead(A0);

  // 将引脚A0读取的数值转换为0~255之间
  // 并将该数值写入引脚3
  analogWrite(ledPin, val / 4);
}
```

在编写程序的过程中，会用到analogWrite（PWM接口，模拟值）函数。在本实验中使用该函数读取电位计的模拟值信号，并将其赋给PWM接口，使小灯产生相应的亮度变化，再在屏幕上显示出读取的模拟值。

（五）Arduino串口通信

Arduino控制器通过硬件串口（UART）实现与上位机或其他设备的通信，所有型号均内置至少一个串行通信接口（UNO系列对应引脚0-RX/1-TX）。USB端口通过板载转换芯片与串口引脚建立物理连接，实现设备间的数据交互。

包含函数：peek、print、println、parseInt、parseFloat、read、readBytes、readBytesUntil、write、readString及readStringUntil，详见右侧文档。

微课3-5
Arduino串口通信

串口函数

（六）LCD液晶显示

1.LCD液晶显示实验

（1）LCD简介

微课3-6
LCD液晶显示实验

LCD（Liquid Crystal Display）液晶显示器（见图3-17）由两片平行玻璃基板构成，中间封装液晶材料层。其中，下基板集成TFT（薄膜晶体管）阵列，上基板配置彩色滤光片组。通过调节TFT电极电压改变液晶分子排列方向，进而控制像素单元的光偏振状态，最终实现图像显示。随着生产工艺成熟和成本优化，该技术已全面取代CRT显示方案，成为消费电子领域的主流显示方案。

（2）LED显示器

LCD显示器的背光系统存在两种技术方案：CCFL（冷阴极荧光灯管）背光型与LED（发光二极管）背光型。当前普遍存在的"LED显示器"概念属于商业术语误导，实际技术定义为：LED背光型LCD显示器特指采用LED阵列作为背光模组的液晶显示

设备（见图3-18），其本质仍属于LCD技术体系。对应传统CCFL背光方案，两者核心差异体现在如下方面。

- 发光元件：CCFL采用汞蒸气灯管，LED采用半导体二极管。
- 能效指标：LED背光能耗降低40%~60%。
- 厚度控制：LED背光模组厚度缩减至3mm以下。

图3-17　LCD液晶显示器

图3-18　LED显示器

（3）LCD外形尺寸图

图3-19展示了该LCD模块的详细尺寸信息。从图中可以了解到该LCD模块的整体尺寸为80.0mm×36.0mm。模块的显示区域尺寸为64.5mm×26.8mm。引脚部分共有16个引脚，引脚间距为2.54mm。此外，图中还分别展示了无背光和底部LED背光两种情况下模块的厚度，无背光时厚度为9.5mm，底部LED背光时厚度为13.0mm。这些尺寸信息对于在实际项目中安装和使用该LCD模块具有重要的参考价值。

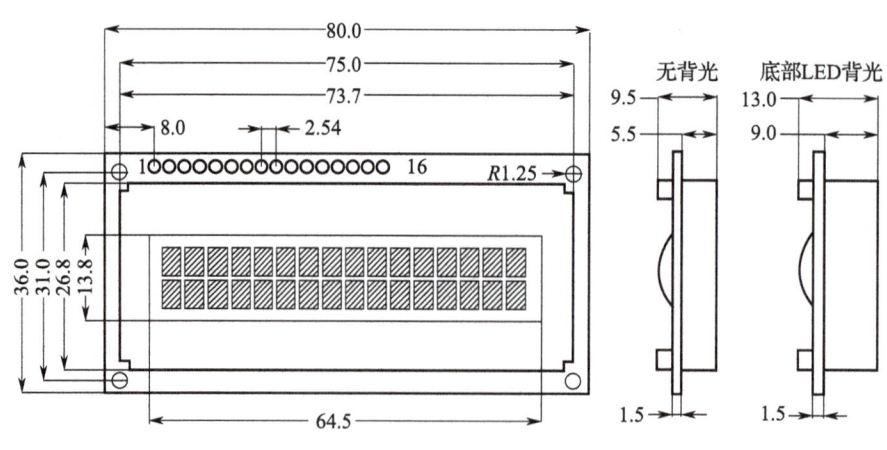

图3-19　LCD外形尺寸图

2. LCD基本原理

LCD是一种利用液晶材料的光电特性来控制光线透过与否，从而形成图像的显示技术。

LCD的基本显示过程包括：

- 背光源发出白光；
- 偏光片将光线线性偏振；
- 液晶层在电压控制下改变分子排列，调节光线旋转角度；
- 彩色滤光片提供色彩；
- 输出光通过第二层偏光片后最终形成图像。

3. LCD的典型应用

液晶显示技术具有色彩鲜艳、亮度高、对比度强等优点，因此在各类电子显示设备中得到了广泛应用。以下是LCD在不同领域的典型应用情况。

（1）液晶电视屏

在家用电视领域，液晶屏已成为主流显示技术。由于其优良的图像表现力和较高的性价比，深受消费者青睐。尽管OLED和量子点等新型显示技术逐渐进入市场，并具备一定的技术优势，但成本较高，售价通常是LCD电视的两倍以上，因此在市场占有率方面仍难以撼动LCD的主导地位。

（2）工业级液晶拼接屏

在工业应用领域，LCD技术同样展现出强劲的竞争力，尤其在大尺寸显示设备中表现突出。工业级液晶拼接屏广泛应用于安防监控、指挥调度、教育查询系统等场景，具有显示清晰、稳定性强、扩展性好等特点。近年来，随着智慧城市与信息化建设的推进，该类产品的市场需求持续增长。

（3）手机和平板屏幕

随着智能移动设备的快速普及，LCD在小尺寸显示市场的应用不断扩大。尤其是在智能手机和平板电脑领域，LCD因其成熟的工艺和良好的显示效果，成为众多品牌的首选。以三星为代表的厂商，也将部分研发重心投入高性能小尺寸LCD显示屏的生产中，进一步推动了其市场发展。

（4）计算机显示器

LCD技术一直是计算机显示器和笔记本计算机屏幕的核心解决方案。此类产品通常采用中小尺寸屏幕，具备分辨率高、响应速度快等优势，适用于办公、娱乐、设计等多种使用场景。值得一提的是，国产品牌在该领域占据较高的市场份额，显示出较强的产业竞争力。

（5）汽车智能大屏

近年来，随着智能网联汽车的发展，车载显示设备对屏幕尺寸和性能的需求不断提升。LCD显示屏因其稳定性和适应性，成为车载大屏的主流选择。在智能座舱、多媒体控制、导航系统等场景中，LCD广泛应用于中控大屏、副驾娱乐屏、仪表盘等多种车载显示模块。

LCD显示温度数据

1）案例简介。

本系统采用Arduino UNO作为控制核心，集成LM35温度传感器与I2C接口LCD显示模块，实现温度数据的采集与实时显示。

2）实验线路连接图见图3-20。

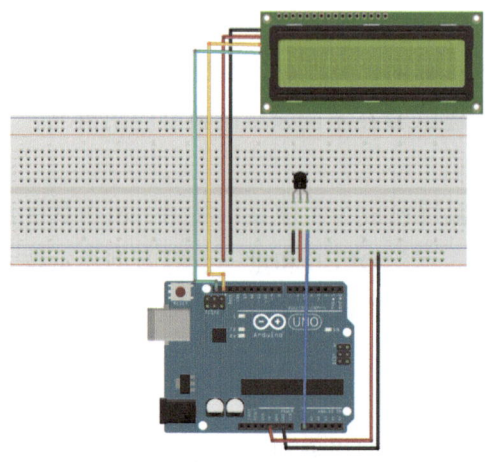

图3-20　LCD显示温度数据实验线路连接图

3）程序代码。

```
//LingShun lab
#include <Wire.h>
#include <LiquidCrystal_I2C.h>  //引用I2C库
#define LM35 A0
LiquidCrystal_I2C lcd(0x27,16,2);  //设置LCD1602设备地址，这里的地址
                                   //是0x3F，一般是0x20，或者0x27，
                                   //具体查阅模块手册

int val=0;
float temp = 0;
void setup()
{
  lcd.init();   // 初始化LCD
  lcd.backlight();  //设置LCD背景等亮
  lcd.print("Welcome to use!");
  // 延时1秒
  delay(1000);
  // 清屏，清除显示内容
  lcd.clear();
}
```

```
void loop()
{
  // 读取温度值，放大了10倍
  val=analogRead(LM35);
  temp=val*4.8876;
  // 设置液晶显示位置
  lcd.setCursor(0,0);
  lcd.print("LM35 temperature:");
  lcd.setCursor(0,1);
  // 液晶不能直接给float数值，所以要自己计算整数和小数部分
  lcd.print((int)temp/10);//显示整数部分
  lcd.print(".");
  lcd.print((int)temp%10);//显示小数部分
  // 因为不是标准ASCLL码，所以无法直接显示，需要进行扩展
  lcd.print((char)223);
  lcd.print("C");
  delay(1000);
}
```

（七）声控灯、超声波测距仪、光控灯及光控蜂鸣器

1. 声控灯

（1）声音传感器简介

该传感器采用电容式驻极体话筒作为核心组件，其功能等效于麦克风，可捕获声波振动并生成波形信号，
但无法直接量化噪声强度值（如分贝数）。声波振动引发驻极体薄膜形变，导致内部电容值变化，从而产生微电压波动信号。该模拟信号经内置电路放大至0~5V标准范围后，通过模数转换器（ADC）转化为数字信号，最终传输至主控板进行声纹特征分析。

（2）声音传感器的使用说明

1）声音模块对环境声音强度最敏感，一般用来检测周围环境的声音强度。

2）在环境声音强度达不到设定阈值时，数字输出端维持高电平；当外界环境声音强度超过设定阈值时，数字输出端切换至低电平。

3）将声音传感器的数字输出端接至单片机，检测到有效声音信号后，单片机控制继电器通断，形成声控开关系统。

4）可通过灵敏度调节旋钮调节灵敏度。

5）系统设计包含两个LED：电源指示灯（常亮）和比较器输出指示灯（随比较器电平变化亮灭）。

6）本装置通过振动感应触发（如压电效应），仅判断有无声波扰动，不具备声强测量和频率识别功能。

7）输出形式：数字开关量。

声音控制LED灯

1）案例简介。

使用Arduino连接声音传感器，并通过检测声音信号来控制LED灯的亮灭。当声音传感器检测到声音时（输出高电平），板载LED灯会被点亮；没有声音时，LED灯熄灭。整个过程中，程序会不断循环检测声音传感器的状态并实时控制LED灯。

2）实验线路连接图见图3-21。

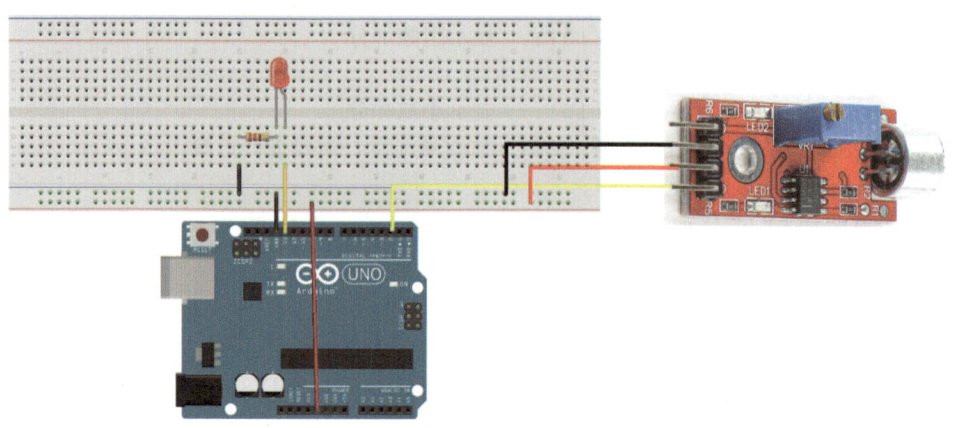

图3-21　声音控制LED灯实验线路连接图

3）程序代码。

```
int sensorpin = 2;     //声音模块的D2脚
int ledPin = 13;       //定义LED
void setup() {
 pinMode(ledPin, OUTPUT);
 pinMode(sensorpin, INPUT);
  Serial.begin(9600);
}
void loop() {
  if(digitalRead(sensorpin)==HIGH)//当有声音时，板载LED被点亮
  {
     digitalWrite(ledPin,HIGH);
   }

   else{
     digitalWrite(ledPin,LOW);
   }
  delay(10);
}
```

2. 超声波测距仪

超声波凭借高频特性（通常40kHz）具有强指向性与低衰减率，能在空气中传播数米距离。其测距原理为：发射器定向发出超声波脉冲并同步启动计时器，声波遇障碍物反射后由接收器捕获回波信号并终止计时，通过计算声波往返时间差（距离=声速×时间/2），实现非接触式距离检测。该技术广泛应用于机器人避障、泊车辅助等领域。

超声波测距

1）案例简介。

采用Arduino控制器，配合超声波传感器和LCD1602显示屏实现测距功能。通过I^2C通信协议，LCD显示屏被用于实时显示超声波传感器测量的距离。

2）实验线路连接图（见图3-22）。

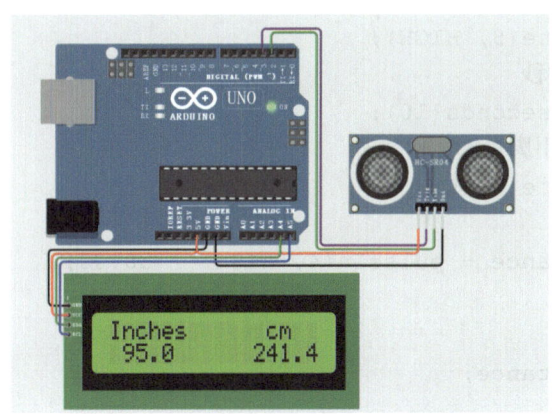

图3-22 超声波测距实验线路连接图

3）程序代码。

```
#include <Wire.h>
#include <LiquidCrystal_I2C.h>   //引用I2C库
// 设置LCD1602设备地址，这里的地址是0x3F,一般是0x20,或者0x27,具体查阅
// 模块手册
LiquidCrystal_I2C lcd(0x27, 16, 2);


void setup() {
  // 开启串口通信
  Serial.begin(9600);
  pinMode(5, OUTPUT); //设置数字引脚5为输出模式
  pinMode(4, INPUT); //设置数字引脚4为输入模式
  lcd.init(); //初始化LCD
  lcd.backlight(); //设置LCD背景灯亮
```

```
    }
    void loop() {
      // 设置显示指针
      lcd.setCursor(0, 0);
      // 输出距离到LCD1602上
      lcd.print(checkdistance_5_4());
      // 等待1秒
      delay(1000);
    }
    float checkdistance_5_4() {
      // 设置数字引脚5低电平
      digitalWrite(5, LOW);
      // 等待2微秒
      delayMicroseconds(2);
      // 设置数字引脚5高电平
      digitalWrite(5, HIGH);
      // 等待10微秒
      delayMicroseconds(10);
      // 设置数字引脚5低电平
      digitalWrite(5, LOW);
      // 计算距离
      float distance = pulseIn(4, HIGH) / 58.00;
      delay(10);
      // 返回距离
      return distance;
    }
```

3. 光控灯

相较于传统机械开关（拨动/闸刀/拉线式），光控灯采用基于光电晶体管的电子开关：该器件顶部设透光窗，光线入射时激发半导体产生电子—空穴对，形成基极光电流并放大为集电极电流，通过电流阈值比较器控制电路通断，实现无触点光控操作。典型应用如路灯自动启闭系统。

检测光照强度

1）案例简介。

利用Arduino控制LED灯的亮灭，依据是光敏电阻检测到的光照强度。光敏电阻连接至模拟引脚A5，LED灯连接至数字引脚13。当检测到光照较弱（低于设定阈值）时，LED灯自动点亮；反之则熄灭。程序通过串口监视器实时显示光照强度的模拟值。

2）实验线路连接图见图3-23。

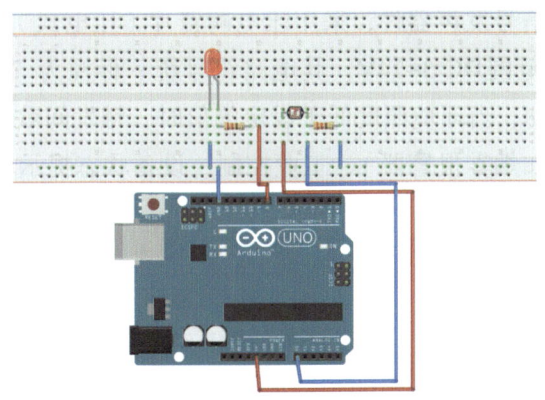

图 3-23 检测光照强度实验线路连接图

3）程序代码。

```
// 定义模拟引脚5
int ADpin = A5;
// 定义数字引脚13
int LED = 13;
// 定义变量接收模拟引脚5的值
int ADBuffer = 0;
void setup() {
  // 设置数字引脚13为输出模式
  pinMode(LED, OUTPUT);
  // 开启串行通信
  Serial.begin(9600);
}
void loop() {
  // 读取光照强度阻值
  ADBuffer = analogRead(ADpin);
  // 打印光照强度阻值
  Serial.print("AD = ");
  Serial.println(ADBuffer);
  // 判断光照强度是否熄灭
  if (ADBuffer < 100) {
    // 设置LED高电平
    digitalWrite(LED, HIGH);
  } else {
    // 设置LED低电平
    digitalWrite(LED, LOW);
  }
  delay(10);
}
```

4. 光控蜂鸣器

蜂鸣器作为电子信号发声器件，采用压电陶瓷片（压电式）或电磁线圈（电磁式）驱动结构，工作电压范围DC 3~24V，其电路符号统一标注为"BZ"。在光控系统中，蜂鸣器与光敏电阻联动，当环境照度低于设定阈值时，触发间歇性蜂鸣报警。该器件广泛应用于安防设备（如烟雾报警器）、工业控制（设备状态提示）及智能家居（门窗开合提醒）等场景。

学习案例 11 光控蜂鸣器

1）案例简介。

通过Arduino读取蜂鸣器值来控制LED灯的亮灭，同时串口输出光照强度值。

2）实验线路连接图见图3-24。

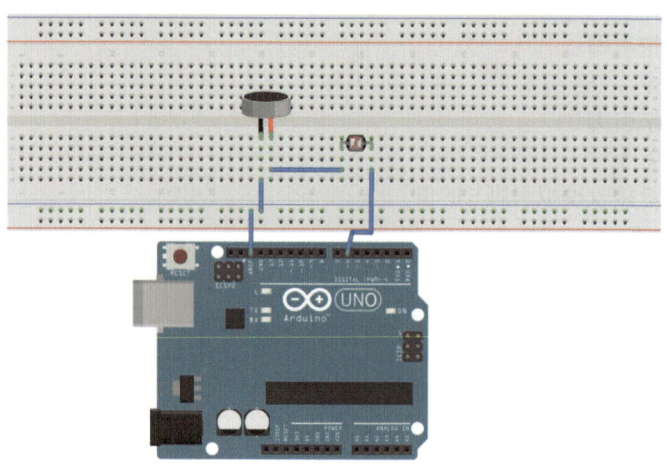

图3-24 光控蜂鸣器实验线路连接图

3）程序代码。

```
int ADpin = A5; // 定义模拟引脚5
int LED = 13; // 定义数字引脚13
int ADBuffer = 0; // 定义变量接收模拟引脚5的值
void setup() {
  pinMode(LED, OUTPUT); // 设置数字引脚13为输出模式
  Serial.begin(9600); // 开启串行通信
}
void loop() {
ADBuffer = analogRead(ADpin); // 读取光照强度阻值
  Serial.print("AD = "); // 打印光照强度阻值
  Serial.println(ADBuffer);
```

```
if (ADBuffer < 100) {      // 判断读取的模拟值是否小于100
digitalWrite(LED, HIGH);   // 设置LED高电平
  } else {
digitalWrite(LED, LOW);    // 设置LED低电平
  }
  delay(10);
}
```

（八）雨水检测信号灯、火焰报警器

1. 使用Arduino和雨滴传感器制作雨水检测系统

雨滴传感器是一个模拟（数字）输入模块（见图3-25）。它可用于各种天气状况的监测，检测是否下雨及雨量的大小，可将检测结果转换成数字信号（DO）和模拟信号（AO）输出。该传感器广泛应用于Arduino机器人套件。除了监测天气状况外，它还可用于汽车自动刮水系统、智能灯光系统和智能天窗系统等。

图3-25　雨滴传感器

学习案例 12　　　制作雨水检测系统

1）案例简介。

利用Arduino制作一个雨水检测系统，系统包括雨滴传感器和LED指示灯。雨滴传感器连接到Arduino的数字引脚3，用于检测雨水；LED指示灯连接到数字引脚13，用于显示检测结果。当检测到雨水时，LED灯熄灭；未检测到雨水时，LED灯点亮。系统通过不断循环检测传感器状态来实现实时雨水监测。

2）雨水检测系统电路原理图见图3-26。

3）实验线路连接图见图3-27。

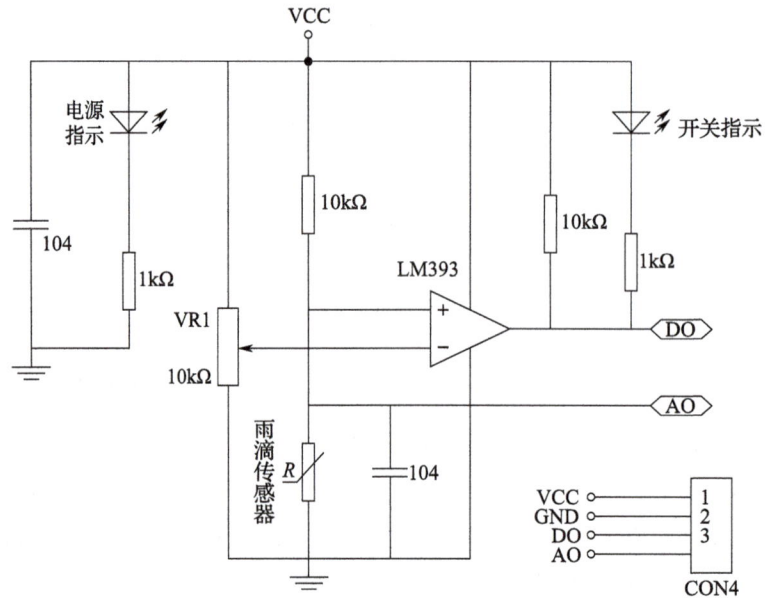

图 3-26 雨水检测系统电路原理图

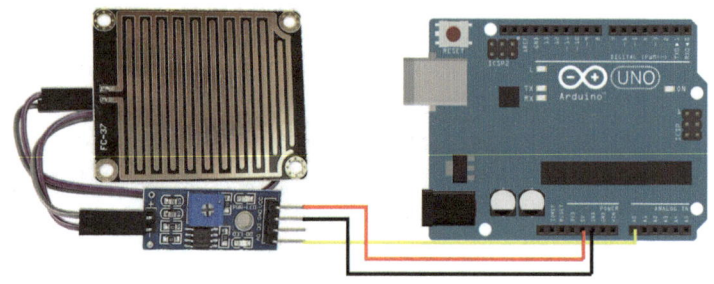

图 3-27 雨水检测系统实验线路连接图

4）程序代码。

```
void setup() {
    pinMode(3,INPUT);
    pinMode(13,OUTPUT);
}

void loop() {
  if (digitalRead(3)) {
    digitalWrite(13,LOW);
  }
  else {
    digitalWrite(13,HIGH);
```

```
        delay(1000);
    }
}
```

2. 使用Arduino和火焰传感器制作火焰报警系统

（1）火焰传感器介绍

火焰传感器（见图3-28）属红外光谱检测装置，核心部件为窄带红外接收管（响应波长760~1100nm），专用于识别火焰特征光谱。通过菲涅尔透镜聚焦火焰辐射，光电元件产生微电流，经信号调理电路转换为模拟电压信号（0~5V）及数字阈值报警信号（TTL电平）。主要应用于工业消防系统（高温区域监测）、智能安防（火情预警）及特种机器人（火源定位）领域，传感器灵敏度可调（典型响应时间<100ms），输出信号接入微控制器后可实现多级火情判断。

图3-28　火焰传感器

（2）火焰传感器模块电路图

火焰传感器引脚图（见图3-29）展示了火焰传感器模块的外观及引脚布局。该模块具有3个引脚，分别为VCC、GND和信号输出引脚。模块上还配备灵敏度调节电位器和指示灯，通过调节电位器可以改变传感器识别火焰的灵敏度，指示灯用于指示火焰检测状态。

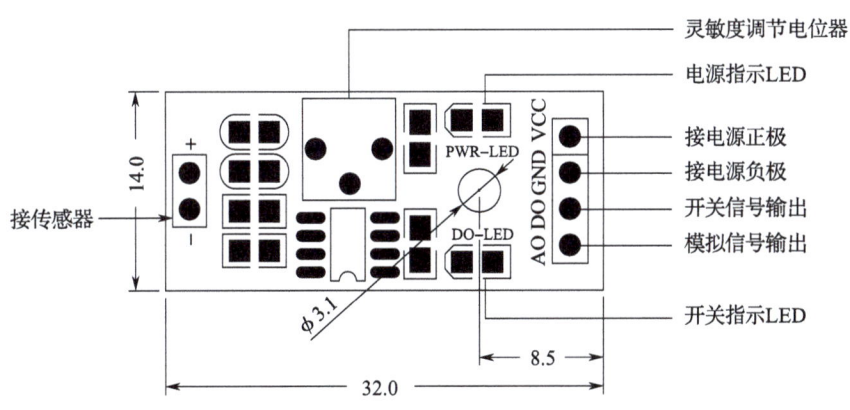

图3-29　火焰传感器引脚图

火焰传感器电路图（见图3-30）展示了火焰传感器模块的内部电路结构。模块主要由红外接收管、比较器LM393等元件组成。红外接收管用于接收火焰发出的红外信号，并将其转换为电信号。比较器LM393对电信号进行处理和比较，输出数字信号。此外，模块还提供模拟信号输出，以便更精确地测量火焰强度。

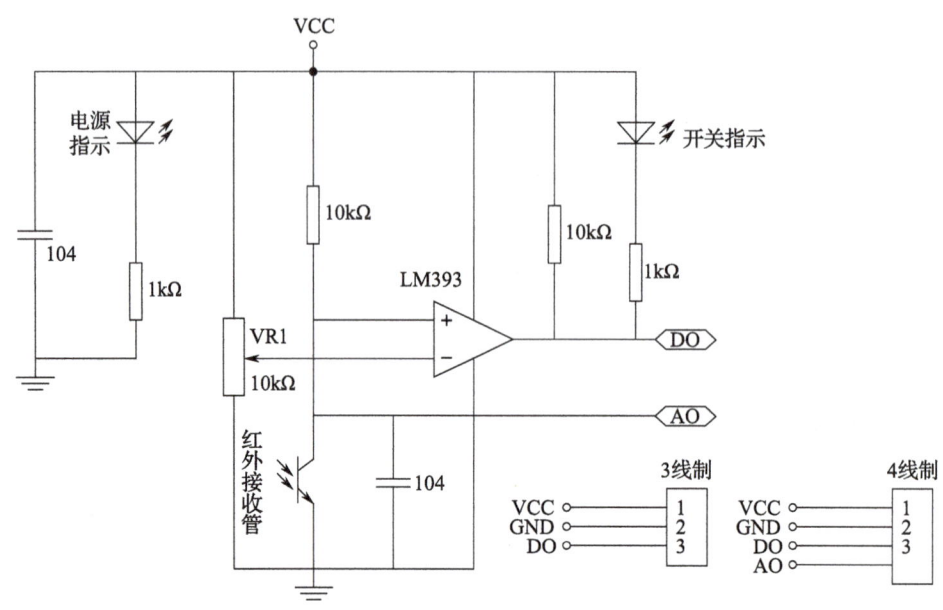

图3-30　火焰传感器电路图

（3）火焰传感器技术原理和应用

火焰传感器基于光电转换原理实现火情监测，主要分为远红外型与紫外型。远红外型（波长700~1100nm，峰值响应约880nm）利用半导体光敏元件（如红外接收管）结合菲涅尔透镜（典型探测角约60°）捕获火焰红外辐射，通过内置放大电路输出与辐射强度成正比的0~5V模拟信号，具有成本低、灵敏度高的优势，广泛应用于民用防火报警及室内消防系统。紫外型通过日盲型紫外滤光片选择性接收180~260nm波段辐射（峰值响应约200nm），利用雪崩光电二极管（APD）检测微弱紫外信号，主要输出数字开关量报警信号（TTL/CMOS电平），其核心优势在于卓越的抗日光干扰能力和低误报率，专用于油库、化工厂等户外高危场所的火情预警。两类传感器在工业消防高温监测、智能安防火源定位及特种机器人灭火/搜救任务中均有重要应用。

制作火焰报警系统

1）案例简介。

使用Arduino制作一个火焰报警系统，包括火焰传感器和LED指示灯。火焰传感器连接到Arduino的数字引脚3，用于检测火焰；LED指示灯连接到数字引脚13，用于报警。当火焰传感器检测到火焰时，LED指示灯点亮；未检测到火焰时，LED指示灯熄灭。系统通过不断循环检测传感器状态实现火焰实时监测。

2）实验线路连接图（见图3-31）。

图3-31 火焰报警系统实验线路连接图

3）程序代码。

```
int Led=13;//定义LED 接口
int buttonpin=3; //定义火焰传感器接口
int val;//定义数字变量val
void setup()
{
pinMode(Led,OUTPUT);//定义LED 为输出接口
pinMode(buttonpin,INPUT);//定义火焰传感器为输出接口
}
void loop()
{
val=digitalRead(buttonpin);//读取数字接口3的值，并赋给val
if(val==HIGH)//当火焰传感器检测有信号时，LED 闪烁
{
digitalWrite(Led,HIGH);
}
else
{
digitalWrite(Led,LOW);
}
}
```

（九）网页控制Arduino

微课3-9
网页控制
Arduino

Arduino开发平台除基础硬件模块外，还支持多类型扩展板功能拓展：传感器扩展板集成I^2C/SPI总线接口简化多传感器协同；网络扩展板搭载RJ45接口，通过库函数支持Modbus/TCP、Ethernet/IP等工业协议通信；原型扩展板提供面包板区域及排针接口，便于电路调试与模块化扩展。其中

Wi-Fi扩展板（以ESP-12F模块为核心）支持2.4GHz频段无线通信，内置TCP/IP协议栈与Wi-Fi驱动，可通过AT指令实现MQTT/HTTP数据传输，典型应用如智能农业大棚环境监测系统——通过DHT11温湿度传感器采集数据，经Wi-Fi扩展板实时上传至云平台，异步接收远程灌溉控制指令，构建双向物联控制系统。

1.拓展板介绍

（1）传感器扩展板

DFRduino IO 传感器扩展板 V7.1 如图3-32所示。

该扩展板集成多协议通信与存储扩展接口：中部集成Xbee封装蓝牙/Wi-Fi通信模块直插位，侧边配置通用蓝牙、APC总线及SD卡存储扩展接口，实现无线组网与本地数据存储的双重功能。

（2）网络扩展板

以太网络扩展板 W5200（Arduino兼容）如图3-33所示。

图3-32　DFRduino IO 传感器扩展板

图3-33　以太网络扩展板 W5200

该芯片为集成全硬件TCP/IP协议栈的嵌入式以太网控制器，包含物理层（PHY）与数据链路层（MAC）双核心模块，支持10/100Mbit/s自适应以太网通信。通过SPI接口与主控MCU连接，实现传输层（TCP/UDP）、网络层（IP/ICMP）、基础应用层（DHCP/DNS/ARP）协议卸载，显著降低微控制器网络功能开发复杂度，适用于工业控制设备（如PLC远程监控）、智能终端（网络打印机）等需高稳定性网络连接的嵌入式场景。

（3）原型扩展板

FireBeetle原型扩展板如图3-34所示。

该扩展板配备14×7矩阵分布的2.54mm标准间距焊盘，采用面包板兼容布局设计，集成独立供电系统（VCC/3.3V/GND）与多级滤波电路，全面兼容FireBeetle系列主控板的机械结构与电气参数。其堆叠式接口支持多

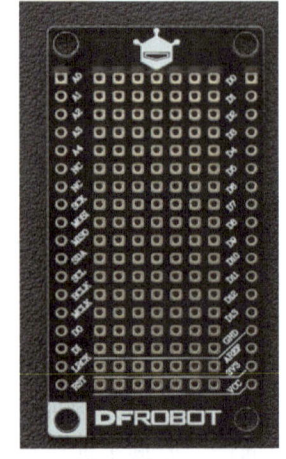

图3-34　FireBeetle原型扩展板

板级联开发，焊盘镀金工艺确保高密度电子元件（SMD0805及以上封装）的可靠焊接，是快速搭建传感器网络原型（如环境监测多节点系统）的理想硬件载体。

2. Arduino Wi-Fi拓展板

Arduino Wi-Fi扩展板基于ESP8266核心模块开发，实现串口数据与Wi-Fi网络的双向透传功能。该模块通过AT指令集与Arduino主控板通信，内置完整TCP/IP协议栈，可将串行数据封装为802.11n无线帧传输（2.4GHz频段）。

模块支持三种工作模式：AP模式（作为Wi-Fi热点，允许终端设备直连）、STA模式（接入现有Wi-Fi路由器）及混合模式（同时具备AP与STA功能）。在AP模式下，最大支持5个设备并发连接；STA模式下可实现-75dBm接收灵敏度，保障15m室内稳定通信。典型应用场景包含物联网设备远程控制（如通过MQTT协议操控智能插座）及传感器数据云端上传（温湿度监测系统）。

学习案例 14 网页控制

1）案例简介。

允许用户通过网页界面远程控制连接到同一Wi-Fi网络的ESP8266设备上的内置LED灯。

2）引入库函数及初始化。

```
#include <ESP8266WiFi.h>        // 本程序使用 ESP8266WiFi库
#include <ESP8266WiFiMulti.h>   // ESP8266WiFiMulti库
#include <ESP8266WebServer.h>   // ESP8266WebServer库

ESP8266WiFiMulti wifiMulti;  // 建立ESP8266WiFiMulti对象,对象名称
                             // 是'WiFiMulti'
ESP8266WebServer esp8266_server(80); // 建立ESP8266WebServer对象,
                                     // 对象名称为esp8266_server
// 括号中的数字是网络服务器响应http请求的端口号
// 网络服务器标准http端口号为80,因此这里使用80为端口号
```

3）定义添加AP函数。

```
void add_user_AP() {
  // 添加可连接的WiFi网络（SSID和密码）
  wifiMulti.addAP("你的WiFi名称1", "密码1");  // 添加主WiFi
  wifiMulti.addAP("你的WiFi名称2", "密码2");  // 添加备用WiFi
  // 可继续添加更多网络...
}
```

4）定义连接Wi-Fi函数。

```cpp
// 等待连接成功
void wait_connect_ok(void){
    int i = 0;
    // wifiMulti.run()自动搜索addAP函数所存储的WiFi, 并连接最强的那一
    // 个WiFi信号
    // 连接WiFi成功, wifiMulti.run()将会返回"WL_CONNECTED"
    while (wifiMulti.run() != WL_CONNECTED){
        delay(1000);
        Serial.print(i++);
        Serial.println('Waiting to connect to the network...');
    }
}
```

5）定义打印连接信息函数。

```cpp
// 打印连接信息
void print_connect_info(void){
    // WiFi连接成功后将通过串口监视器输出连接成功信息
    Serial.println('\n');                // WiFi连接成功后
    Serial.print("Connected to");        // ESP8266开发板将通过串口监视
                                         // 器输出。
    Serial.println(WiFi.SSID());         // 连接的WiFi名称
    Serial.print("IP address:\t");       // 以及
    Serial.println(WiFi.localIP());      // ESP8266开发板的IP地址
}
```

6）定义启动网络服务功能函数。

```cpp
//启动网络服务功能
void start_web_server(void){
    esp8266_server.begin();  // 启动网络服务
    esp8266_server.on("/", handleRoot); // 网站根目录, 回调函数handleRoot
    esp8266_server.on("/led_contrl", HTTP_POST, handleLED);
    // 设置处理LED控制请求的函数'handleLED'
    esp8266_server.onNotFound(handleNotFound);
    // 找不到, 回调函数handleNotFound
    Serial.println("HTTP esp8266_server started");
    // 告知用户ESP8266网络服务功能已经启动
}
```

7）定义显示网页函数。

```cpp
// 拼接显示网页
String show_html(bool station)
{
```

```
            String html = "<!DOCTYPE html>";
            html += "<html lang =\"zh-cn\">";
            html += "<head>";
            html += "<meta charset=\"UTF-8\">";
            html += "<title>LED_CONTRL</title>";
            html += "<style>";
            html += "* {padding: 0;margin: 0;vertical-align: top;}";
            html += "div {margin: 10px auto;width: 100px;}";
            if (!station)
                    html+="span {display: inline-block;margin: 2px;background-color: blue;border-radius: 8px;width: 16px;height: 16px;}";
            else
                    html+="span {display: inline-block;margin: 2px;background-color: black;border-radius: 8px;width: 16px;height: 16px;}";
            html += "input {width: 60px;height: 20px;}";
            html += "</style>";
            html += "<title>ESP8266-LED</title>";
            html += "</head>";
            html += "<body>";
            html += "<form action=\"/led_contrl\" method=\"post\">";
            html += "<div><span></span><input type=\"submit\" value=\"LED\"></div>";
            html += "</form>";
            html += "</body>";
            html += "</html>";
            return html;
        }
```

8）定义设置网站根目录函数。

```
    // 设置网站根目录函数
    void handleRoot(){
        String html = show_html(digitalRead(LED_BUILTIN));
        //处理网站根目录"/"的访问请求
        esp8266_server.send(200, "text/html", html);
        // ESP8266开发板将调用此函数
    }
```

9）定义处理LED控制请求函数。

```
    //处理LED控制请求的函数'handleLED'
    void handleLED(){
        digitalWrite(LED_BUILTIN, !digitalRead(LED_BUILTIN));
```

```cpp
        // 改变LED的点亮或者熄灭状态
        esp8266_server.sendHeader("Location", "/");
        // 跳转回页面根目录
        esp8266_server.send(303);    // 发送Http相应代码303 跳转
}
```

10)定义设置处理404情况的函数。

```cpp
// 设置处理404情况的函数'handleNotFound'
void handleNotFound(){
        // 当浏览器请求的网络资源无法在服务器找到时,
        esp8266_server.send(404, "text/plain", "404: Not found");
// ESP8266开发板将调用此函数
}
```

11)主体结构。

```cpp
void setup(void){
        Serial.begin(9600);                      // 启动串口通信
        pinMode(LED_BUILTIN, OUTPUT);   // 设置内置LED引脚为输出模式以便
                                         // 控制LED
        // 添加几个可用的ap, WiFi重启后, 自动连接信号最强的那一个WiFi信号
        add_user_AP();
        
        // 等待连接成功
        wait_connect_ok();
        // 打印连接信息
        print_connect_info();
        // 启动网络服务功能
        start_web_server();
}

/* 主循环 */
void loop(void)
{
        esp8266_server.handleClient();  // 处理http服务器访问
}
```

(十)Arduino按键、步进电动机控制、蓝牙通信、无线数据传输

在Arduino开发中还有几种较为常用的模块,分别是按键、步进电动机控制、蓝牙通信、无线数据传输。

微课3-10
Arduino按键、步进电动机控制、蓝牙通信、无线数据传输

1. Arduino按键介绍（见图3-35、图3-36、图3-37）

按键是一种常用的控制电器元件，常用来接通或断开"控制电路（其中电流很小）"，从而达到控制电动机或其他电气设备运行目的的一种开关。电子产品大都有用到按键这个最基本的人机接口工具，随着工业水平的提升与创新，按键的外观越来越多样化，视觉效果也越来越丰富。

图3-35 按键

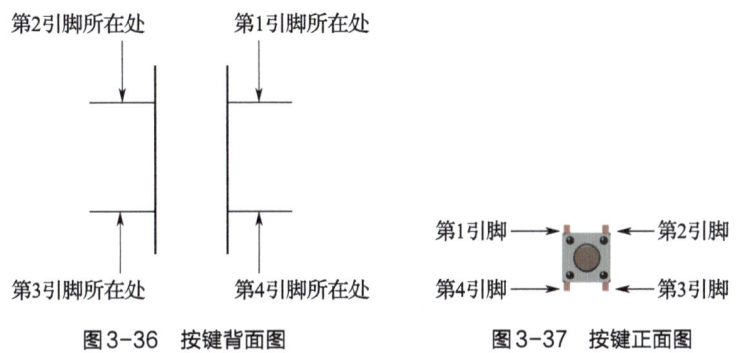

图3-36 按键背面图　　图3-37 按键正面图

学习案例 15　　　　　　监控按键

1）案例简介。

通过按键切换连接到Arduino板上的LED灯的开关状态。检测按键的按下动作，并通过简单的逻辑控制LED的状态。

2）实验线路连接图（见图3-38）。

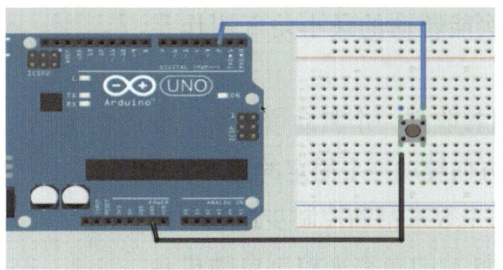

图3-38 监控按键实验线路连接图

3）程序代码。

```
#define LED 13
#define KEY 2
int KEY_NUM=0;
void setup()
```

```
{
  pinMode(LED,OUTPUT);
  pinMode(KEY,INPUT_PULLUP);//带上拉电阻的语句,无须外接上拉电阻
}

void loop()
{
  ScanKey();
  if(KEY_NUM==1)
  {
    digitalWrite(LED,!digitalRead(LED));
  }
}
void ScanKey()
{
  KEY_NUM=0;
 if(digitalRead(KEY)==LOW)
  {
    delay(20);
    if(digitalRead(KEY)==LOW)
    {
     KEY_NUM=1;
     while(digitalRead(KEY)==LOW);
    }
  }
}
```

2. 步进电动机控制

（1）步进电动机介绍（见图3-39）

1）步进电动机每次能转动的最小角度叫作步距角。

2）每当步进电动机接收到一个驱动信号后，步进电动机将按照一定的方向转动一个固定的角度。

3）通过控制脉冲的个数来精确控制步进电动机的角位移量，通过控制脉冲的频率来控制电动机转动的速度及加速度，从而达到调速的目的。

4）步进电动机按照相数不同分为单相、双相、多相三种，励磁方式分为1相励磁方式和2相励磁方式。

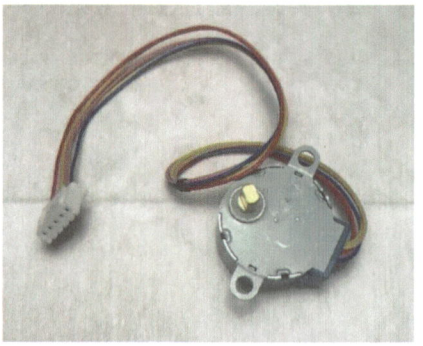

图3-39 步进电动机

（2）ULN2003驱动

由于Arduino开发板的通用IO驱动能力有限，有些外设不能直接使用IO进行驱动，

需要借助一些驱动电路间接控制大功率器件。ULN2003是大电流驱动阵列，多用在单片机、智能仪表、PLC、数字量输出卡等控制电路中，可直接驱动继电器等负载。

驱动步进电动机

1）案例简介。

利用Arduino控制步进电动机。步进电动机能精确控制旋转角度和速度，通过按顺序激活不同相（线圈）实现步进运动。

2）实验线路连接图（见图3-40）。

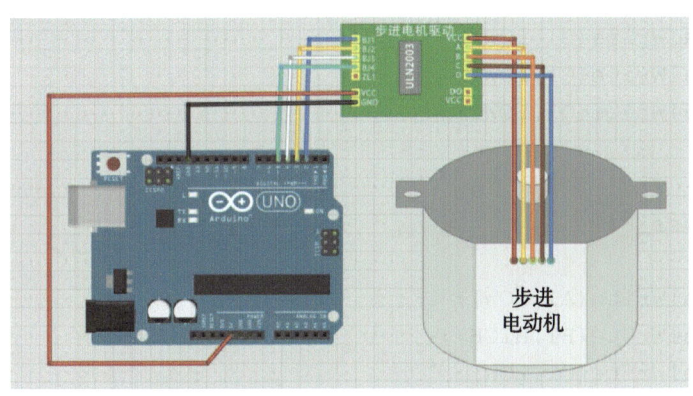

图3-40　驱动步进电动机实验线路连接图

3）程序代码。

```
#include <Arduino.h>
#define A1 2           //引脚命名
#define B1 3
#define C1 4
#define D1 5
void setup()
{
  pinMode(A1,OUTPUT);//设置引脚为输出引脚
  pinMode(B1,OUTPUT);
  pinMode(C1,OUTPUT);
  pinMode(D1,OUTPUT);
}
  void loop()
  {
Phase_A();
    delay(10);

    Phase_B();
```

```
    delay(10);

    Phase_C();
    delay(10);

    Phase_D();
    delay(10);

}
void Phase_A()
{
  digitalWrite(A1,HIGH);
  digitalWrite(B1,LOW);
  digitalWrite(C1,LOW);
  digitalWrite(D1,LOW);
}

void Phase_B()
{
  digitalWrite(A1,LOW);
  digitalWrite(B1,HIGH);
  digitalWrite(C1,LOW);
  digitalWrite(D1,LOW);
}
void Phase_C()
{
  digitalWrite(A1,LOW);
  digitalWrite(B1,LOW);
  digitalWrite(C1,HIGH);
  digitalWrite(D1,LOW);
}

void Phase_D()
  {
    digitalWrite(A1,LOW);
    digitalWrite(B1,LOW);
    digitalWrite(C1,LOW);
    digitalWrite(D1,HIGH);
  }
```

3.蓝牙通信

（1）蓝牙通信介绍

DX-BT05 4.0蓝牙模块专为智能无线数据传输而打造，采用美国TI公司CC2541芯片，配置256KB存储空间，遵循V4.0 BLE蓝牙规范。支持AT指令，用户可根据需要更改串口波特率、设备名称、配对密码等参数，使用灵活。

（2）蓝牙通信特点

蓝牙协议：蓝牙低功耗（BLE）作为Bluetooth V4.0核心规范的子协议，其ATT数据包存在20字节长度限制（超长数据需分包传输），在同等发射功率下通信距离可达100m（典型条件），显著优于传统蓝牙Class 2设备（10m）但弱于Class 1专用设备（100m）。

工作频率：2.4GHz ISM band。

调制方式：GFSK（Gaussian Frequency Shift Keying）。

灵敏度：≤ −84dBm at 0.1% BER。

传输速率：Asynchronous为6 kbit/s，Synchronous为6 kbit/s。

安全特性：Authentication and encryption。

支持服务：Central & Peripheral UUID FFE0，FFE1。

功耗：自动休眠模式下，待机电流为400uA~1.5mA，传输时为8.5mA。

供电电源：DC +3.3V，50mA。

外观尺寸：26.9mm × 13mm × 2.2mm。

蓝牙认证：ROHS REACH。

功能：主从一体。

（3）蓝牙通信应用领域

该模块主要用于短距离的数据无线传输领域，可以方便地和PC的蓝牙设备相连，也可以在两个模块之间实现数据互通。避免了烦琐的线缆连接，能直接替代串口线。主要应用领域如下。

- 蓝牙车载免提。
- 蓝牙GPS。
- 蓝牙无线数据传输。
- 工业遥控、遥测。
- POS系统、无线键盘、鼠标。
- 交通、井下定位、报警。
- 自动化数据采集系统。
- 无线数据传输、银行系统。
- 无线数据采集。
- 楼宇自动化、安防、机房设备无线监控、门禁系统。

（4）蓝牙通信引脚功能描述（见表3-2）

表3-2 蓝牙通信引脚功能表

引脚序号	引脚名称	引脚说明
1	UART_TX	串口数据输出
2	UART_RX	串口数据输入
3	UART_CTS	串口清除发送
4	UART_RTS	串口请求发送
5	NC	悬空
6	P2_2	调试时钟口
7	P2_1	调试数据口
8	P2_0	可编程输入/输出口
9	RESETB	低电平复位,至少5ms
10	VCC	电源 V3.3
11	GND	地
12	SDA	数据口
13	SDL	时钟口
14	P1_3	SW1系统按键
15	P1_2	LED引脚
16	P1_1	主机中断指示口,空闲为低,连接上为高
17	P1_0	可编程输入/输出口
18	P0_7	软/硬件主从设置选择口
19	P0_6	硬件主从模式设置口
20	P0_5	可编程输入/输出口
21	P0_4	可编程输入/输出口
22	P0_3	可编程输入/输出口
23	P0_2	可编程输入/输出口
24	P0_1	可编程输入/输出口
25	P0_0	可编程输入/输出口

蓝牙通信

1)案例简介。

使用Arduino与蓝牙模块进行通信,并通过接收到的蓝牙信号来控制板载LED的开关状态。通过简单的串口通信,Arduino能够接收来自蓝牙设备的字符输入,并根据输入的内容执行相应的动作。

2)实验线路连接图(见图3-41)。

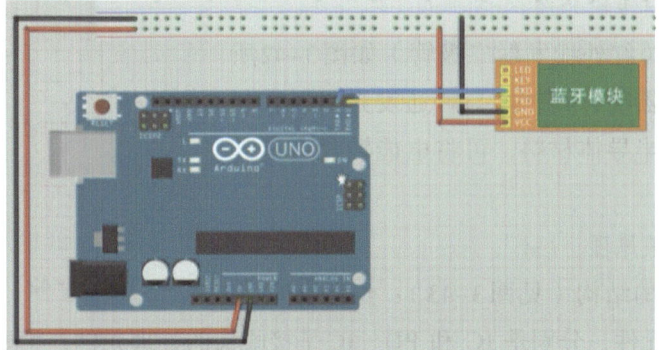

图3-41 蓝牙通信实验线路连接图

3）程序代码。

```
#include <SoftwareSerial.h>
char c=' ';
const byte led=13;

void setup() {
  Serial.begin(9600);
  Serial.println("BT is ready!");
  pinMode(led, OUTPUT);
}
void loop(){
  if(Serial.available())
  {
    c=Serial.read();
    Serial.println("Got input:");
    Serial.println(c);
//1的ASCII为49，0的ASCII为48
    if(c==49)
    {
      Serial.write("Serial--13--high");
      digitalWrite(13, HIGH);
    }
    if(c==48)
    {
    Serial.write("Serial--13--low");
    digitalWrite(13, LOW);
    }
  }
}
```

4. 无线数据传输

（1）无线数据传输介绍

红外发射管（红外线发射二极管）如图3-42所示，属二极管类器件，其结构与普通发光二极管相似，但采用特殊半导体材料，可将电能转化为近红外光并辐射输出。

（2）红外通信原理

红外接收头的结构（见图3-43）：红外接收头

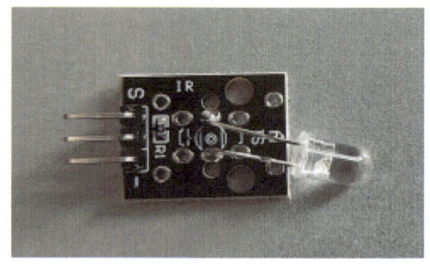

图3-42 红外发射管

内部有两个重要元件，分别是IC和PD。IC是接收头的处理元件，主要由硅晶和电路组成，是一个高度集成的器件，主要功能有滤波、整形、解码、放大等。PD是光电二极管，主要功能是接收光信号。

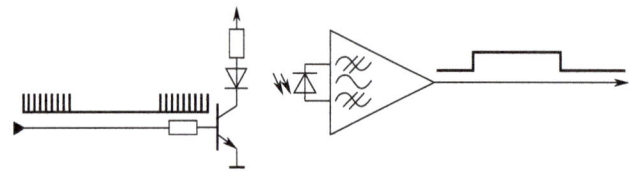

图3-43 红外接收头的结构图

学习案例18　红外发射传感器

1）案例简介。

使用Arduino和红外发射模块发送红外信号。通过编程，Arduino会控制红外发射器发出特定格式的信号，这通常用于远程控制各种电子设备。

2）实验线路连接图（见图3-44）。

图3-44 红外发射传感器实验线路连接图

3）程序代码。

```
#include<IRremote.h>
IRsend irsend;
```

```
void setup() {
  Serial.begin(9600);

}

void loop() {
  for(int i=0;i<50;i++)
  {
     irsend.sendSony(0xa90,12);
     delay(40);
  }
}
```

学习案例 19　红外接收模块

1）案例简介。

使用Arduino和红外接收模块来接收和解码红外信号。通过编程，Arduino能够监听来自红外遥控器的信号，并解析出信号的编码值，然后将这些值以十六进制的形式输出到串口监视器上。

2）实验线路连接图（见图3-45）。

3）程序代码。

图3-45　红外接收模块实验线路连接图

```
#include <IRremote.h>
int RECV_PIN=11;
IRrecv irrecv(RECV_PIN);
decode_results results;

void setup() {
  Serial.begin(9600);
  irrecv.enableIRIn();
}

void loop() {
 if(irrecv.decode(&results)){
   Serial.println(results.value,HEX);
   irrecv.resume();
 }
}
```

四、项目需求分析

本系统适配多品类植物养护需求,基于Arduino控制器构建,集成土壤湿度传感器与数字温湿度传感器,实现栽培基质含水量及环境温湿度实时监测。用户可预设灌溉阈值,当检测值低于阈值时,系统自动驱动水泵执行补水操作,水泵工作周期受继电器模块控制。

五、项目实施

步骤1:绘制项目流程图

(1)主程序流程图(见图3-46)

硬件系统主要承担采集数据、处理数据、控制各传感器等功能。

将系统初始化、各传感器模块初始化后,传感器开始采集数据,读出传感器中的数值并进行判断,数值未达到规定的阈值时开始相应的操作(浇水)。

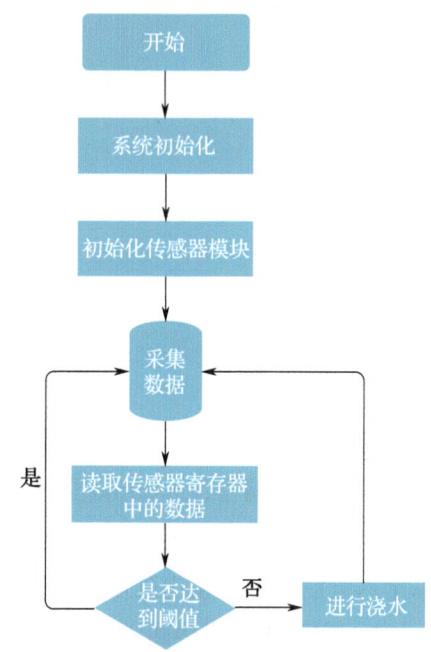

图3-46 主程序流程图

(2)系统初始化流程图(见图3-47)

各传感器初始化设置:设置LCD设备地址、温湿度传感器信号输入端、水泵引脚以及土壤湿度信号输入端。

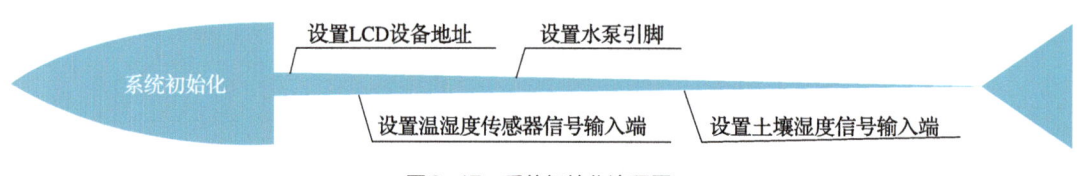

图3-47 系统初始化流程图

(3)传感器初始化流程图(见图3-48)

需要初始化的传感器有土壤湿度传感器、温湿度传感器。两个传感器的初始化流程相似。首先开始初始化,然后进行总线请求,总线应答,ADC开始转换,最后从结果寄存器中读取数据,完成初始化。

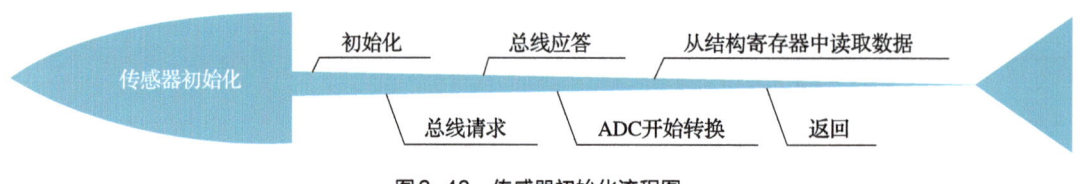

图3-48 传感器初始化流程图

步骤2：项目传感器测试

（1）温湿度传感器

通过测试，确保温湿度传感器DHT11的精确度范围满足项目要求。

1）温湿度传感器DHT11与Arduino UNO主板引脚连接表见表3-3。

表3-3　DHT11与Arduino UNO主板引脚连接表

DHT11	Arduino UNO
GND	GND
DATA	2
VCC	5V

2）由Arduino UNO主板连接温湿度传感器DHT11，如图3-49所示。

连接说明：温湿度传感器DHT11的GND接口与VCC接口分别为该传感器的正、负极，分别连接Arduino UNO主板的DND（负极）接口与5V接口（正极），主要为温度传感器DHT11提供电源。电阻主要起分压、分流作用。DATA接口为温度传感器DHT11参数传递接口，因为程序代码设定Arduino UNO主板以2号接口来进行接收，所以连接Arduino UNO主板时，连接2号接口孔，对温湿度传感器DHT11采集到的温湿度参数进行接收。

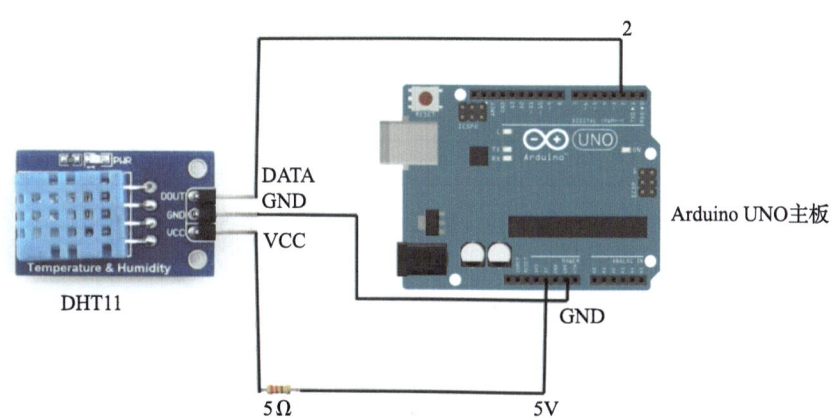

图3-49　温湿度传感器实验线路连接图

3）测试代码如下。

```
#include <dht11.h>
dht11 DHT11;
#define DHT11PIN 2

void setup()
{
  Serial.begin(9600);
```

```
    Serial.println("DHT11 TEST PROGRAM");
    Serial.print("LIBRARY VERSION:");
    Serial.println(DHT11LIB_VERSION);
    Serial.println();
}

void loop()
{
    Serial.println("\n");
    int chk = DHT11.read(DHT11PIN);
    Serial.print("Humidity (%):");
    Serial.println((float)DHT11.humidity, 2);
    Serial.print("Temperature (oC):");
    Serial.println((float)DHT11.temperature, 2);
    delay(2000);
}
```

(2)土壤湿度传感器

通过测试确保土壤湿度传感器的精度满足项目要求。

1)土壤湿度传感器与Arduino UNO主板引脚连接表见表3-4。

表3-4 土壤湿度传感器与Arduino UNO主板引脚连接表

土壤湿度传感器	Arduino UNO
VCC	5V
GND	GND
D0	A0

2)由Arduino UNO主板连接土壤湿度传感器,如图3-50所示。

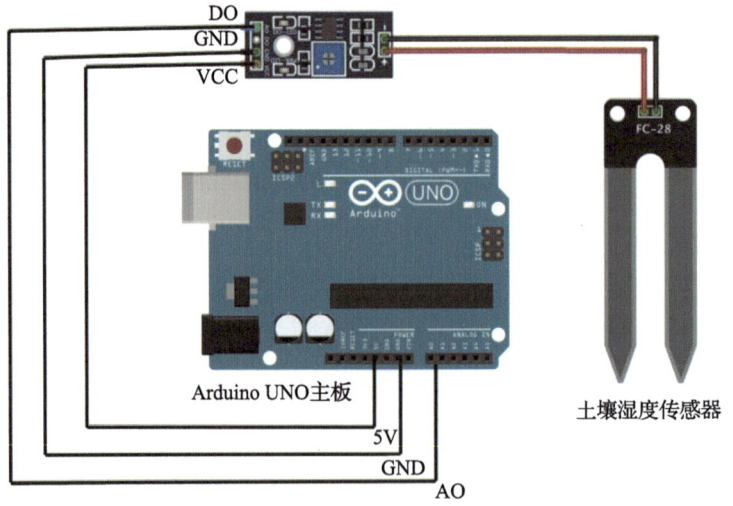

图3-50 土壤湿度传感器实验线路连接图

连接说明：土壤湿度传感器的GND接口与VCC接口分别为该传感器的正、负极，分别连接Arduino UNO主板的DND（负极）接口与5V接口（正极），主要为土壤湿度传感器提供电源。D0接口为土壤湿度传感器参数传递接口，因为程序代码设定Arduino UNO主板以A0接口来进行接收，所以连接Arduino UNO主板时，连接A0接口孔，对土壤湿度传感器采集到的土壤湿度参数进行接收。

3）测试代码如下。

```
int sensorPin = A0;      // 设置模拟口A0为信号输入端
int ledPin = 13;         // 设置LED控制引脚为13
int sensorValue = 0;     // 存放模拟信号量的变量

void setup() {
  pinMode(ledPin, OUTPUT);    //设置LED对应的引脚为输出
  Serial.begin(9600);         //初始化串口波特率为9600
}

void loop() {
  sensorValue = analogRead(sensorPin);

  if(sensorValue<1000)//当读取的值小于1000时，点亮LED
  {
   digitalWrite(ledPin, HIGH);
  }else
  {
   digitalWrite(ledPin, LOW);
  }
  Serial.println(sensorValue);
  delay(100);
}
```

（3）水泵

通过测试确保水泵能正常工作。

1）继电器与Arduino UNO主板引脚连接表见表3-5。

表3-5 继电器与Arduino UNO主板引脚连接表

继电器	Arduino UNO
S	8
+	5V
−	GND

2）由Arduino UNO主板连接继电器与水泵，如图3-51所示。

连接说明：继电器的+接口与−接口分别为该传感器的正、负极，分别连接Arduino

UNO主板的DND（负极）接口与5V接口（正极），主要控制电流调节。S接口为继电器参数传递接口，因为程序代码设定Arduino UNO主板以8接口来进行接收，所以连接Arduino UNO主板时，连接8接口孔，对继电器参数进行接收。继电器还需连接电池的正极。水泵直接连接继电器的正极与电池正极即可。

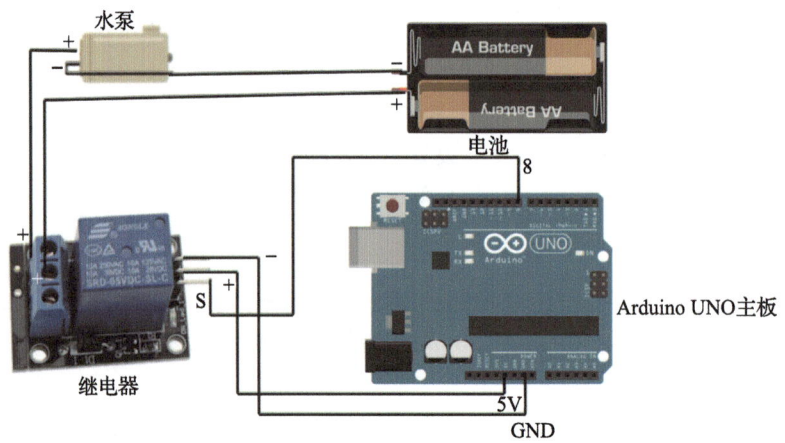

图3-51 水泵实验线路连接图

3）测试代码如下。

```
#define RelayPin 8
#define KEY 2
int KEY_NUM=0;
void setup()
{
  pinMode(RelayPin,OUTPUT);
//带上拉电阻的语句，无须外接上拉电阻
  pinMode(KEY,INPUT_PULLUP);
}

void loop()
{
  ScanKey();
  if(KEY_NUM==1)
  {
    digitalWrite(RelayPin,!digitalRead(RelayPin));
  }
}

void ScanKey()
{
  KEY_NUM=0;
 if(digitalRead(KEY)==LOW)
```

```
    {
      delay(20);
      if(digitalRead(KEY)==LOW)
      {
       KEY_NUM=1;
      while(digitalRead(KEY)==LOW);
     }
     }
    }
```

步骤3：项目传感器连接

（1）引脚连接

1）LCD与Arduino UNO主板引脚连接表见表3-6。

表3-6　LCD与Arduino UNO主板引脚连接表

LCD	Arduino UNO
GND	GND
VCC	5V
SDA	SDA
SCL	SCL

2）继电器与Arduino UNO主板引脚连接表见表3-7。

表3-7　继电器与Arduino UNO主板引脚连接表

继电器	Arduino UNO
S	13
+	5V
-	GND

3）土壤湿度传感器与Arduino UNO主板引脚连接表见表3-8。

表3-8　土壤湿度传感器与Arduino UNO主板引脚连接表

土壤湿度传感器	Arduino UNO
VCC	5V
GND	GND
D0	A0

4）温湿度传感器DHT11与Arduino UNO主板引脚连接表见表3-9。

表3-9 温湿度传感器DHT11与Arduino UNO主板引脚连接表

DHT11	Arduino UNO
GND	GND
DATA	2
VCC	5V

（2）主板连接各传感器

由Arduino UNO主板连接各种传感器（见图3-52）。

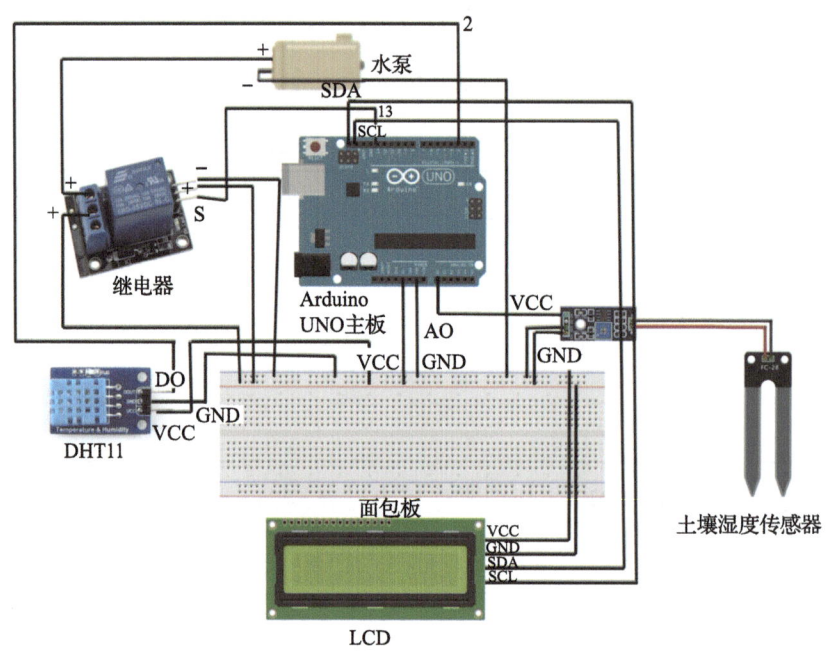

图3-52 Arduino UNO实验线路连接图

连接说明：在智能共享盆栽养护系统中，需要用到面包板作为跳板，对各个传感器提供电路接口，把继电器、温湿度传感器DHT11、土壤湿度传感器、LCD的正、负极，分别通过杜邦线连接到面包板的正、负极上，通过代码对每种传感器的参数接口进行设定，LCD连接Arduino UNO主板的SDA与SCL，其主要作用是显示各个传感器获取到的值。继电器连接Arduino UNO主板的13接口，土壤湿度传感器连接Arduino UNO主板的A0接口，温湿度传感器DHT11连接Arduino UNO主板的2接口，水泵连接继电器的正极与面包板的负极。

步骤4：项目整体代码设计

通过以下程序代码实现在LCD中展示各个传感器获取到的数据值，并通过代码设置各传感器的阈值，当传感器检测到的数据值低于手动设置的阈值时，各传感器根据判断进行运作，从而实现对盆栽的智能养护。

```
//引用I2C库
#include <LiquidCrystal_I2C.h>
#include <dht11.h>
dht11 DHT11;
#define DHT11PIN 2
//设置LCD1602设备地址，这里的地址是0x3F，一般是0x20，或者0x27，具体查阅
//模块手册
LiquidCrystal_I2C lcd(0x27,16,2);
// 设置模拟口A0为信号输入端
int sensorPin = A0;
// 存放模拟信号量的变量
int sensorValue = 0;
// 定义数字接口13
int RelayPin =13;
void setup() {
  Serial.begin(9600);
// 初始化LCD
 lcd.init();
 lcd.backlight();  //设置LCD背景等亮
   lcd.print("Welcome to use!");
// 延时1秒
  delay(1000);
// 清屏，清除显示内容
lcd.clear();
// 定义RelayPin 接口为输出接口
  pinMode(RelayPin, OUTPUT);
}
void loop() {
//   sensorValue = analogRead(sensorPin);
//将土壤湿度传感器转换为0%~100%
  sensorValue = map(analogRead(sensorPin), 0, 1023, 0, 100);
  int chk = DHT11.read(DHT11PIN);
  lcd.setCursor(0,0);
  lcd.print("soilHum:");
  lcd.print(100-sensorValue);
  lcd.print(" ");
  lcd.print((char)37);
  lcd.setCursor(0,1);
  lcd.print("AH:");
  lcd.print(DHT11.humidity);
  lcd.print((char)37);
  lcd.print(" ");
```

```
    lcd.setCursor(8,1);
    lcd.print("AT:");
    lcd.print(DHT11.temperature);
    lcd.print((char)223);
    lcd.print("C");
    if(100-sensorValue < 50){
      digitalWrite(RelayPin, HIGH);
    }else{
      digitalWrite(RelayPin, LOW);
    }
    delay(1000);
 }
```

六、项目展示

如图3-53所示,把传感器监测到的数据显示到LCD上,通过程序设定的阈值,对植物进行智能浇水。

图3-53　项目三整体展示

七、项目拓展

各团队完善项目需求,思考"智能共享盆栽养护系统"的拓展功能,团队间进行创意分享,完成以下任务:

1)编写拓展项目需求分析;

2)完成项目硬件连接及代码设计;

3）团队间进行项目展示，评选最优创意。

八、项目小结

本项目系统阐述了Arduino开发板的基础理论，涵盖其发展历程与开发环境搭建，重点解析串口通信机制，涵盖数字I/O与模拟I/O接口特性。针对核心硬件模块，阐明模块驱动原理，配套实验案例分步演示硬件集成方法，帮助学生掌握基本的使用方法。

九、在线测试

扫描二维码，完成本项目的在线测试题，完成后可查看答案。

十、创意项目池

要求：填写表3-10，对项目进行简单介绍，描述项目的来源或痛点，并为项目起一个令人印象深刻的名字；项目池里的项目越多越好。可视完成情况在班级内进行交流讨论和共享。

表3-10 创意项目池3

拟定项目1： 简要说明：
拟定项目2： 简要说明：
拟定项目3： 简要说明：

十一、项目工单

要求:创建团队(2~3人),对项目池中的项目进行创意设计,并完成项目工单(见表3-11)。

表3-11 项目三工单

团队名称		成员姓名	
项目名称			
创意设计	环节1:创意项目思维导图绘制		
	环节2:项目元件连接图		
	环节3:项目逻辑简图		
	环节4:创意项目运营方案		

PROJECT 4
项目四　智能家居

知识目标
- 掌握 App Inventor 常用传感器的属性与用法。
- 掌握组件设计的布局方式和组件属性。
- 掌握 App Inventor 常用的拓展组件的用法。

能力目标
- 能正确使用 App Inventor 设计界面并实现传感器功能。
- 能设计一个基于生活场景的智能家居程序，实现数据交互与控制。
- 能对作品进行优化，提升用户体验与功能完整性。

素质目标
- 培养学生严谨、缜密的思维方式和科学精神，以及举一反三灵活应用的能力。

一、项目情境

经过系统学习，小李已掌握图形化编程与AI基础理论，但在复现展览级作品时遭遇硬件开发瓶颈。面对Arduino开发板的陌生领域，他向学长寻求指导。学长针对性设计了"智能家居控制器"实训项目：通过HC-06蓝牙模块实现手机App指令传输，完成LED灯远程控制；同步集成语音识别模块，实现声控灯光切换功能。通过项目实训，小李逐步掌握了物联网设备开发全流程。

二、项目准备

1. 素材准备

项目材料清单见表4-1。

表 4-1　项目材料清单

材料名称	材料数量
Arduino UNO 主板	1
HC-06 蓝牙模块	1
LED 灯	1

（续）

材料名称	材料数量
杜邦线	若干
面包板	1

2. 技术准备

- 掌握 App Inventor 的使用。
- 使用 Arduino UNO 板和 HC-06 蓝牙模块与 App 进行通信连接。
- 熟悉掌握 Mixly 软件的使用。
- 分析项目需求，准备材料（见表4-1）。
- 电路连接。
- Arduino 程序编写。
- App 界面设计。
- App Inventor 程序设计。
- 程序运行调试。

3. 思维导图

项目四实施流程思维导图如图4-1所示。

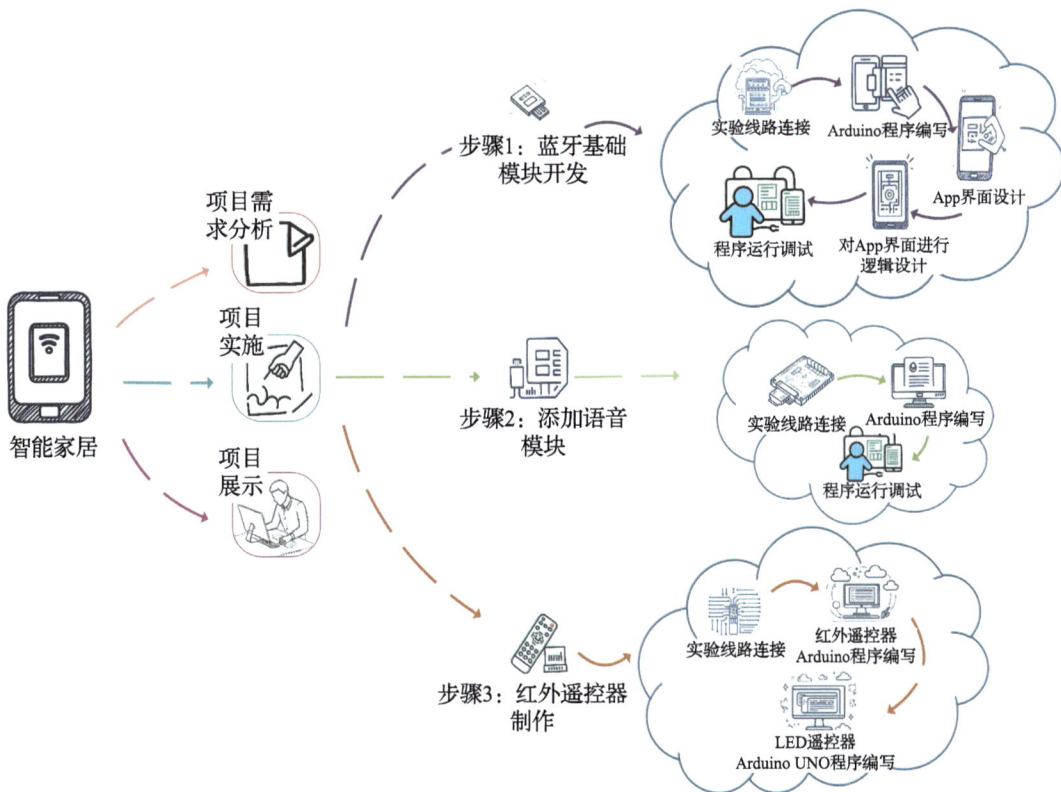

图4-1　项目四实施流程思维导图

三、相关知识点

（一）App Inventor简介

App Inventor最初由Google实验室研发，现由麻省理工学院（MIT）维护运营，采用基于Web的云端开发环境（B/S架构）。其核心机制为可视化拖拽编程，通过拼接功能组件（按钮、传感器接口等）替代代码编写，兼容乐高Mindstorms机器人扩展库（NXT/EV3型号需导入第三方插件）。开发环境集成多媒体控件（调用摄像头）、设备硬件接口（陀螺仪数据采集）及物联网模块，支持云端项目管理与实时真机调试（USB/Wi-Fi/模拟器三模式）。调试时界面逻辑变更可动态刷新至设备，但核心代码修改仍需重新编译。

（二）创建一个App Inventor项目

1) 登录后在上方工具栏中有"项目"这一选项，之后打开"项目"菜单，选择"新建项目"命令，命名完毕后就创建好了一个新项目，如图4-2所示。

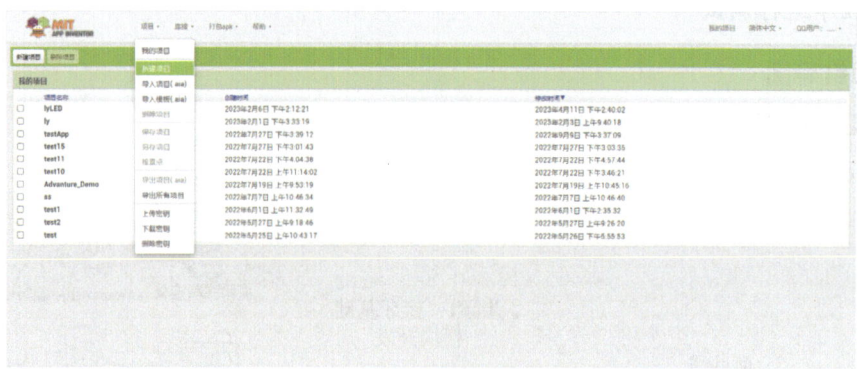

图4-2 新建项目

2) 首先是进行组件设计部分，组件分为可视组件以及非可视组件，两者的不同就是能否显示。操作组件只需要拖拽左侧的组件面板中的组件到工作面板中即可，然后在组件列表中可查看当前工作面板已有的组件，并且可以设置已有的不同组件的组件属性，组件操作流程如图4-3所示。

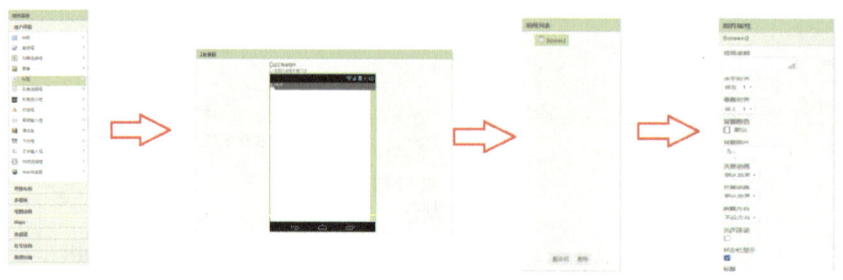

图4-3 App Inventor组件操作流程

3）然后是进行逻辑设计部分，逻辑设计部分主要是逻辑代码块的组合。操作模块只需要在左侧的模块区中将所需要的模块拖拽到工作面板中，如图4-4所示。

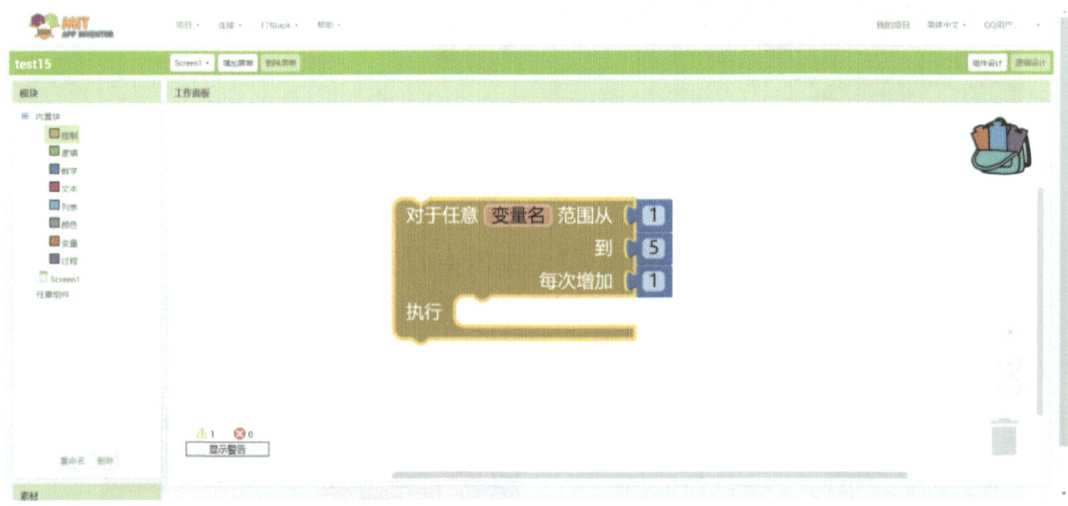

图4-4　App Inventor逻辑设计操作流程

4）如果需要多个屏幕的话，可以单击"增加屏幕"，添加一个新屏幕，如果需要删除屏幕的话，单击"删除屏幕"即可。

猜字谜

1）界面设计如图4-5所示。

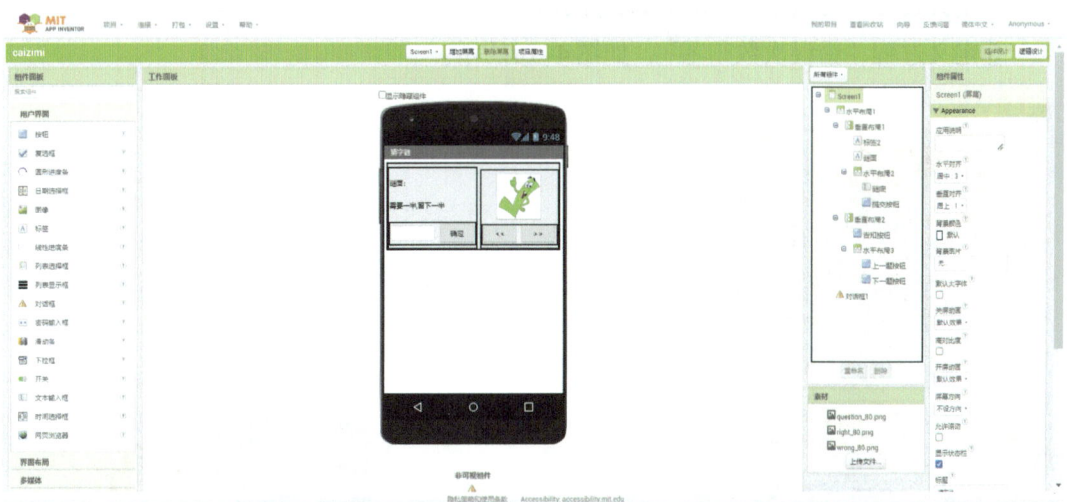

图4-5　猜字谜界面设计

2）逻辑设计。

①定义"谜面""谜底"全局变量，如图4-6所示。

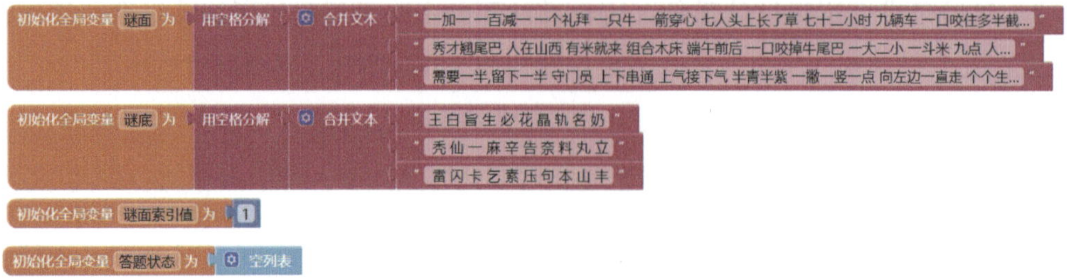

图4-6 定义"谜面""谜底"全局变量

②定义过程"揭开谜底"与"猜对了",如图4-7所示。
③定义过程"显示谜题",如图4-8所示。

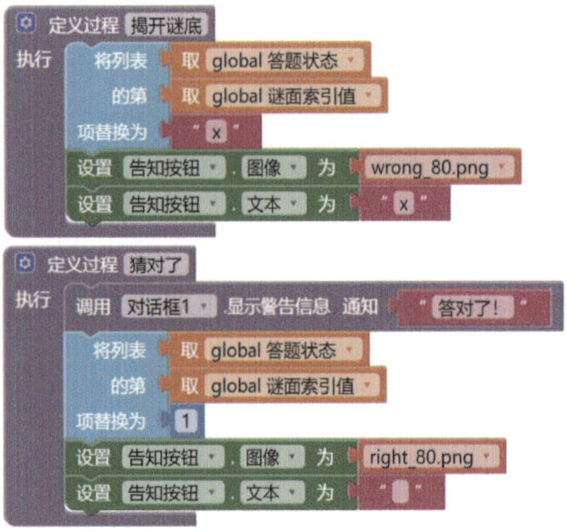

图4-7 定义过程"揭开谜底"与"猜对了" 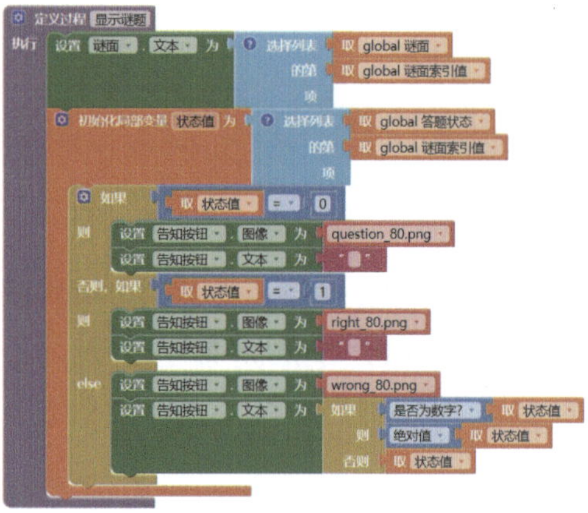　　图4-8 定义过程"显示谜题"

④定义过程"猜错了",如图4-9所示。
⑤定义过程"错误次数归零",如图4-10所示。

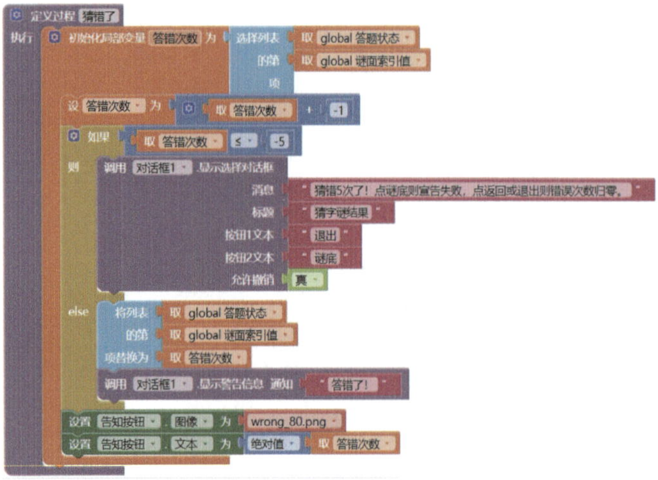

图4-9 定义过程"猜错了" 　　图4-10 定义过程"错误次数归零"

⑥定义"上一题按钮"和"下一题按钮"被点击,如图4-11所示。

图4-11 定义"上一题按钮"和"下一题按钮"被点击

⑦初始化"Screen1",如图4-12所示。

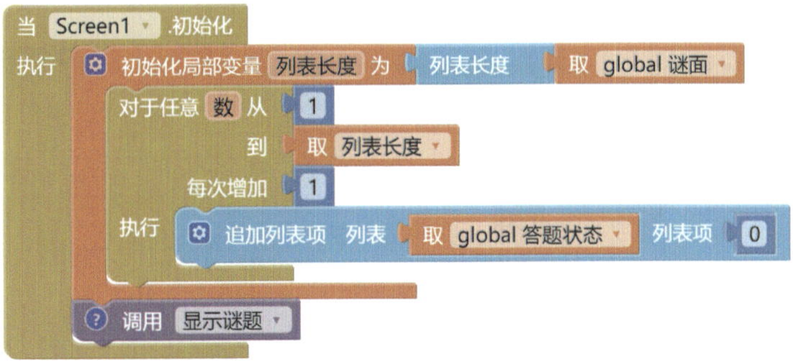

图4-12 初始化"Screen1"

⑧定义"对话框1"选择完成,如图4-13所示。

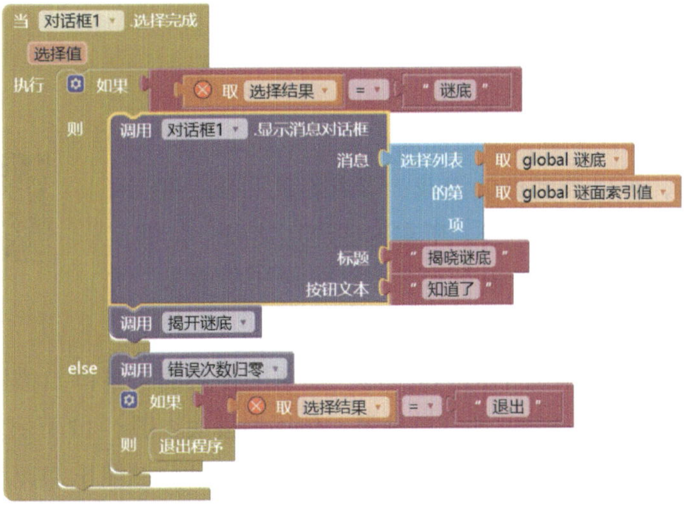

图4-13 定义"对话框1"选择完成

⑨定义"提交按钮"被点击，如图4-14所示。

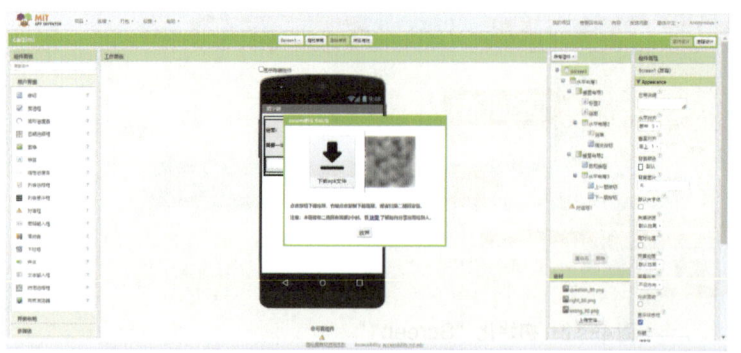

图4-14 定义"提交按钮"被点击

3）打包apk，如图4-15所示。
4）安装apk到手机并进行测试，如图4-16所示。

图4-15 打包猜字谜apk　　　　　图4-16 安装并测试猜字谜

（三）传感器、绘图动画与社交应用

1. App Inventor 传感器

将手机指向天空，手机上的地图应用会显示你正在观看的星群；倾斜手机，可以控制你的游戏；带着你的手机去散步，手机应用将记录下你途经的路线。所有这些应用之所以能够实现，都是因为你所携带的移动设备装备了高科技的传感器，可以探测到位置、方向以及加速度。

微课4-2
App Inventor
传感器

在App Inventor中，有以下6种传感器：加速度传感器、条码扫描器、陀螺仪传感器、位置传感器、方向传感器、距离传感器。传感器模块如图4-17所示。

1）加速度传感器。非可视组件，可以用于侦测晃动，并测出加速度三个维度分量的近似值，单位为米/秒^2（m/s^2），分别如下。

X分量：当手机在平面上静止时，其值为零；当手机向左倾斜时（右侧升起），其值为正；向右倾斜时（左侧升起），其值为负。

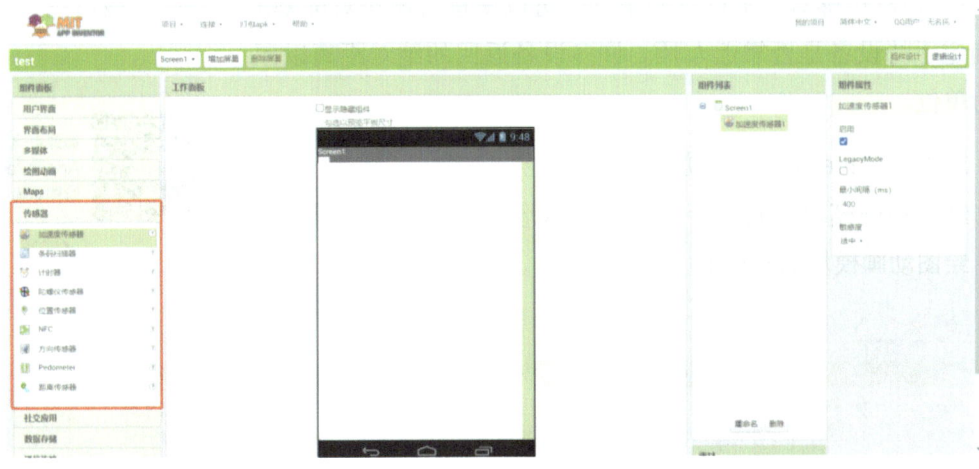

图4-17　传感器模块

Y分量：当手机在平面上静止时，其值为零；当手机顶部抬起时，其值为正；当底部抬起时，其值为负。

Z分量：当设备屏幕朝上地静止在与地面平行的平面上时，其值为9.8（地球上的重力加速度）；当垂直于地面时，其值为0；当屏幕朝下时，其值为–9.8。无论是否由于重力的原因，让手机加速运动，就会改变它的加速度分量值。

2）条码扫描器。利用条码扫描器读取条码信息的组件。

3）陀螺仪传感器。不可见的组件，可以以秒/度为单位测量三维角速度。为了起作用，组件必须将其启用属性设置为"真"。

4）位置传感器。提供位置信息的非可视组件，提供的信息包括：纬度、经度、高度（如果设备支持）及街区地址，也可以实现"地理编码"，即将地址信息（不必是当前位置）转换为纬度（用由地址求纬度的方法获得）及经度（用由地址求经度的方法获得）。为了实现这些功能，组件的启用属性值必须为"真"，而且开启设备的位置信息访问权限，无论是通过Wi-Fi，还是通过GPS（如果在户外）。

5）方向传感器。方向传感器用于确定手机的空间方位，该组件为非可视组件，以角度的方式提供下面三个方位值。

翻转角：当设备水平放置时，其值为0°；当向左倾斜到竖直位置时，其值为90°；当向右倾斜至竖直位置时，其值为–90°。

倾斜角：当设备水平放置时，其值为0°；随着设备顶部向下倾斜至竖直时，其值为90°，继续沿相同方向翻转，其值逐渐减小，直到屏幕朝向下方的位置，其值变为0°；同样，当设备底部向下倾斜直到指向地面时，其值为–90°，继续沿同方向翻转到屏幕朝上时，其值为0°。

方位角：当设备顶部指向正北方时其值为0°；正东时为90°；正南时为180°；正西时为270°。

6）距离传感器。不可见的组件，可以测量对象相对屏幕的接近度。该传感器常用于确定手持设备是否靠近人耳。许多设备返回的绝对距离以厘米为单位。

2. App Inventor绘图动画

绘图动画模块一共三个，分别是球形精灵、画布、图像精灵。绘图动画模块如图4-18所示。

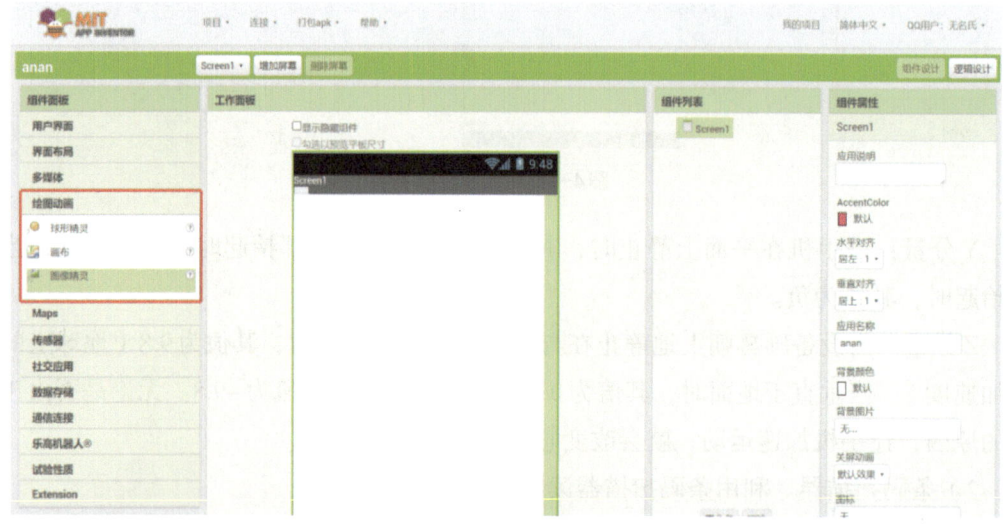

图4-18 绘图动画模块

1）球形精灵。该组件是一个圆形的精灵，可被放置在画布上，并与外界进行交互，共有三种交互方式：

①用户可以通过触摸及拖拽的方式与之交互；

②与其他精灵（包括图片精灵及其他球）之间通过碰撞的方式交互；

③与画布的边缘之间的交互。

该组件会依据自身的属性值进行移动。例如，想让球在每500毫秒（半秒钟）的时间里向画布的顶部移动4个像素，就可以将球的速度属性设置为4[像素]，时间间隔属性设置为500[毫秒]，方向属性设置为90[度]，并将启用属性设置为"真"，而且可以随时修改这些属性。

2）画布。一个二维的、具有触感的矩形面板，可以在其中绘画，或让精灵在其中移动；可以在设计或编程视图中设置其背景色、画笔颜色、背景图、宽、高等属性，宽和高必须为正值，以像素为单位。

画布上的任何一点都可以表示为一对坐标(x, y)，其中

- x 表示该点距离画布左边界的像素数；
- y 表示该店画布距离上边界的像素数。

画布可以感知触摸事件，并获知触碰点，也可以感知对其中精灵（图像精灵或球）的拖拽。此外，组件还具有画点、画线及画圆等方法。

3）图像精灵。首先，精灵只能被放置在画布内；其次，精灵有多种响应行为：它可以回应触摸及拖拽事件，与其他精灵（球及其他精灵）及画布边界产生交互；再次，它具有自主行为：根据属性值进行移动；最后，它的外观由图片属性所设定的图像决定（除非将可见属性设置为"假"）。

例如，如果想让图像精灵在每1000毫秒（1秒钟）内向左移动10个像素，则需将精灵的速度属性设置为10[像素]，时间间隔属性设为1000[毫秒]，方向属性设为180[度]，并将启用属性设为"真"。一个旋转属性为"真"的精灵，在精灵的方向发生变化时，图像也将随之旋转。

3. App Inventor社交应用

社交应用模块如图4-19所示，分别是联系人选择框、邮箱地址选择框、电话拨号器、电话号选择框、信息分享器、短信收发器。

微课4-4
App Inventor
社交应用

图4-19　社交应用模块

1）联系人选择框。该组件是一个按钮，当用户单击它时，会显示联系人列表，从中选中某个联系人后，将显示此联系人的下列属性信息。

- 姓名：所选联系人的姓名；
- E-mail：所选联系人的主E-mail地址；
- E-mail列表：联系人E-mail地址列表；
- 电话号码：联系人的首选电话号码（近期的Android版本）；
- 电话号码列表：联系人的电话号码列表（近期的Android版本）；

- 照片：联系人图像的文件名，可以将其设定为图像或图像精灵组件的图片属性值。

2）邮箱地址选择框。该组件是一个文本框，当用户输入联系人的名字或 E-mail 地址时，手机上将显示一个下拉列表，用户通过选择来完成 E-mail 地址的输入。如果有许多联系人，列表的显示会耽搁几秒钟，并在给出最终结果前，显示中间结果。

文本框内的初始内容，以及用户输入的内容都将保存在组件的文字属性中。若初始值为空，则文本框内将显示浅色的提示信息，提醒用户输入信息。

3）电话拨号器。用来拨号并接通电话的组件，是一个非可视组件，可以拨打电话号码属性中设定的号码，该属性可以在设计及编程视图中进行设置，也可以在应用中用程序调用拨打电话方法，来达到相同的目的。该组件通常配合联系人选择组件使用，用户从手机的联系人列表中选取联系人，并将其设定为本组件的电话号码属性。

4）电话号选择框。该组件是一个按钮，当用户单击它时，将显示手机中的联系人列表；用户选中联系人后，联系人的相关信息被保存到以下属性中：

- 姓名：联系人姓名。
- 电话号码：联系人的电话号码。
- E-mail 地址：联系人的 E-mail 地址。
- 头像：联系人头像所对应的文件名，可以将其设置为图像或图像精灵组件的图片属性值。

5）信息分享器。该组件为非可视组件，用于在手机上不同应用之间分享文件及（或）消息，组件将显示能够处理相关信息的应用列表，并允许用户从中选择一项应用来分享相关内容。例如，在邮件类、社交网络类及短信类应用中分享某些信息。

6）短信收发器。一个发送短信的组件，其内容属性用于设定即将发送的短信内容，电话号码属性用于设定接收短信的电话号码，而发送短信方法用于将设定好的内容发往指定的电话号码。

接彩蛋

1）界面设计如图 4-20 所示。

2）逻辑设计。

①初始化全局变量存储标记、彩蛋高度、彩蛋宽度、下落速度、彩蛋列表、画布宽度、得分、剩余时间、计时次数（见图 4-21）。

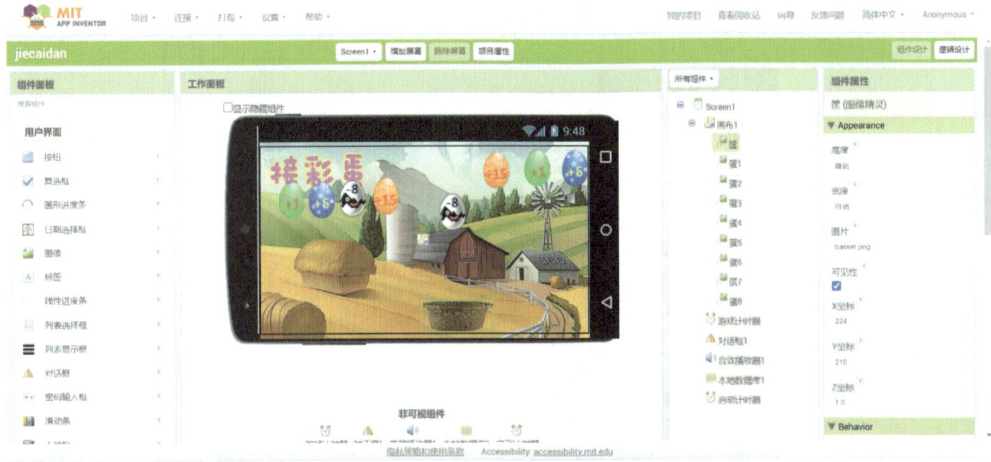

图 4-20 接彩蛋界面设计

②定义过程"贴图",如图 4-22 所示。

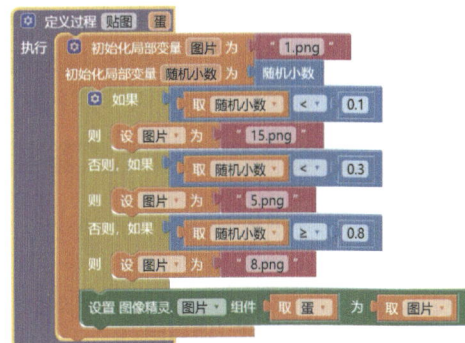

图 4-21 初始化全局变量　　　　图 4-22 定义过程"贴图"

③定义过程"随机 X 坐标"与"生蛋",如图 4-23 所示。

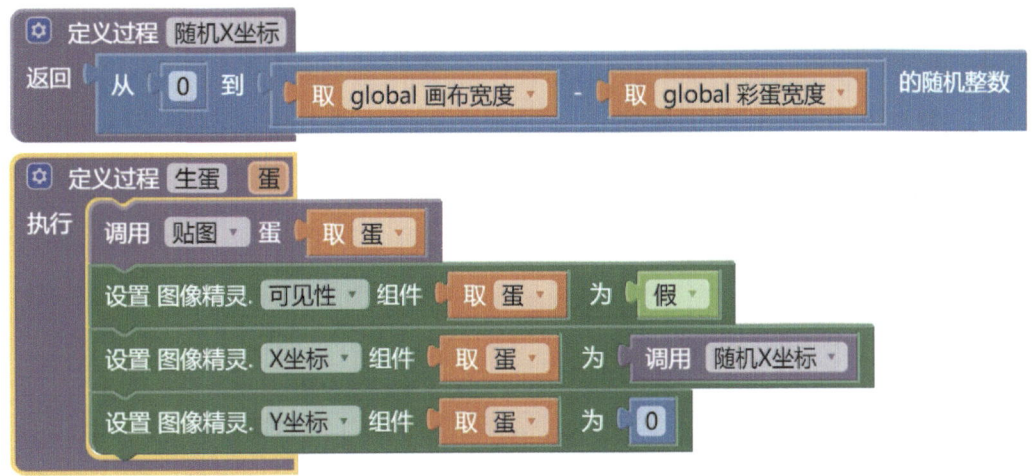

图 4-23 定义过程"随机 X 坐标"与"生蛋"

167

④定义过程"显示剩余时间",如图4-24所示。

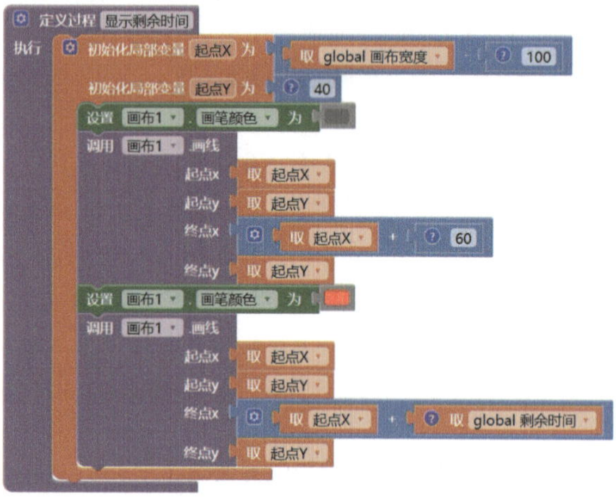

图4-24 定义过程"显示剩余时间"

⑤定义过程"更新彩蛋状态",如图4-25所示。
⑥定义过程"接蛋",如图4-26所示。

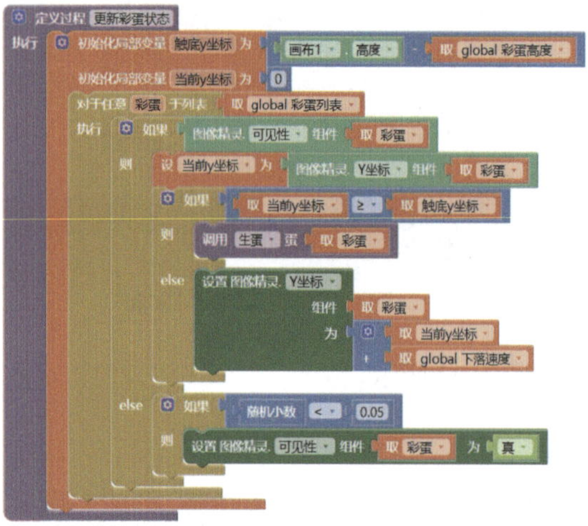

图4-25 定义过程"更新彩蛋状态" 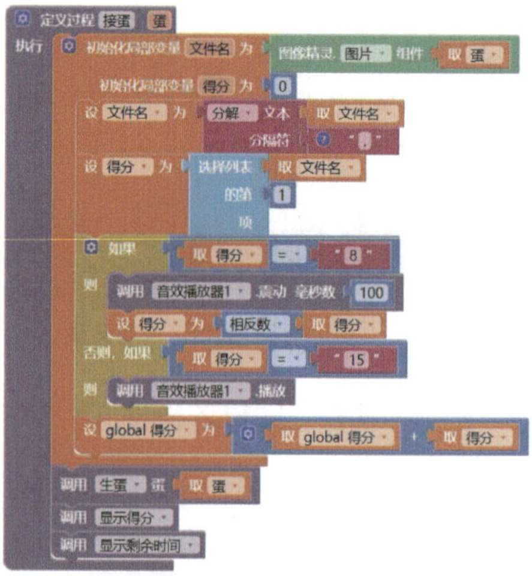　　　　图4-26 定义过程"接蛋"

⑦定义过程"显示得分",如图4-27所示。

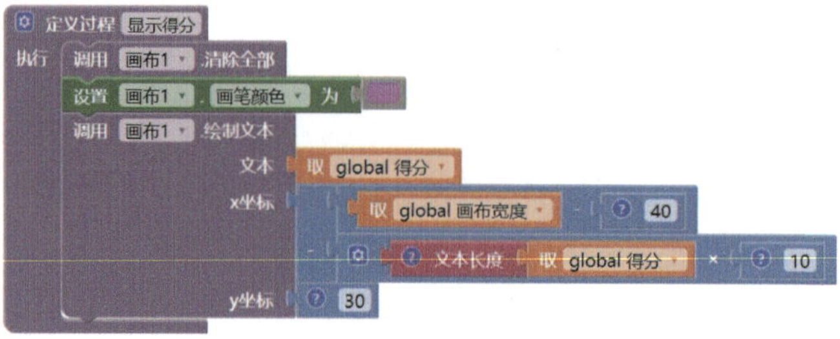

图4-27 定义过程"显示得分"

⑧定义过程"游戏结束",如图4-28所示。

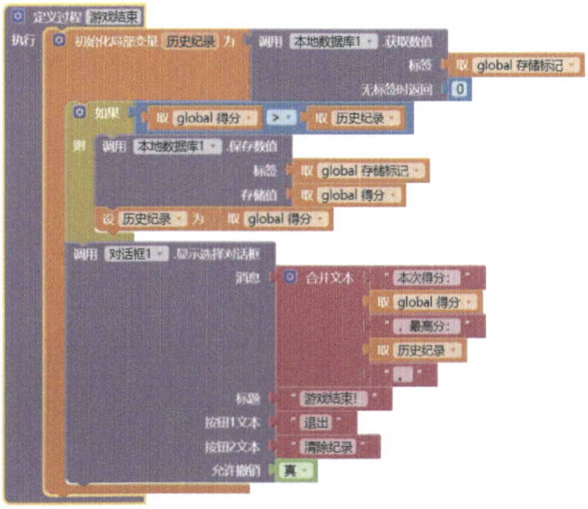

图4-28 定义过程"游戏结束"

⑨定义过程"游戏初始化",如图4-29所示。
⑩"Screen1"初始化与"启动计时器"到达计时点,如图4-30所示。

图4-29 定义过程"游戏初始化" 　　图4-30 "Screen1"初始化与"启动计时器"到达计时点

⑪当"游戏计时器"到达计时点与当"筐"被碰撞,如图4-31所示。

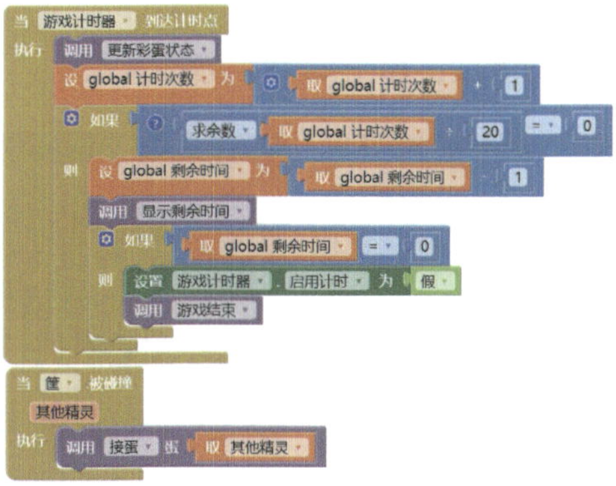

图4-31 当"游戏计时器"到达计时点与当"筐"被碰撞

⑫当"筐"被拖动与"对话框1"选择完成，如图4-32所示。

⑬定义过程"显示画布宽高"，如图4-33所示。

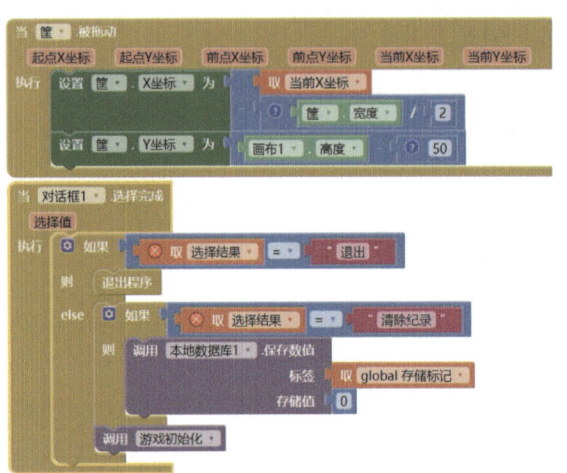

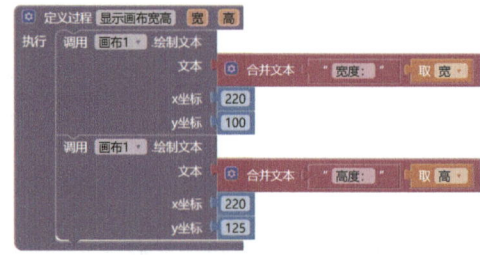

图4-32　当"筐"被拖动与"对话框1"选择完成　　　图4-33　定义过程"显示画布宽高"

3）打包apk，如图4-34所示。

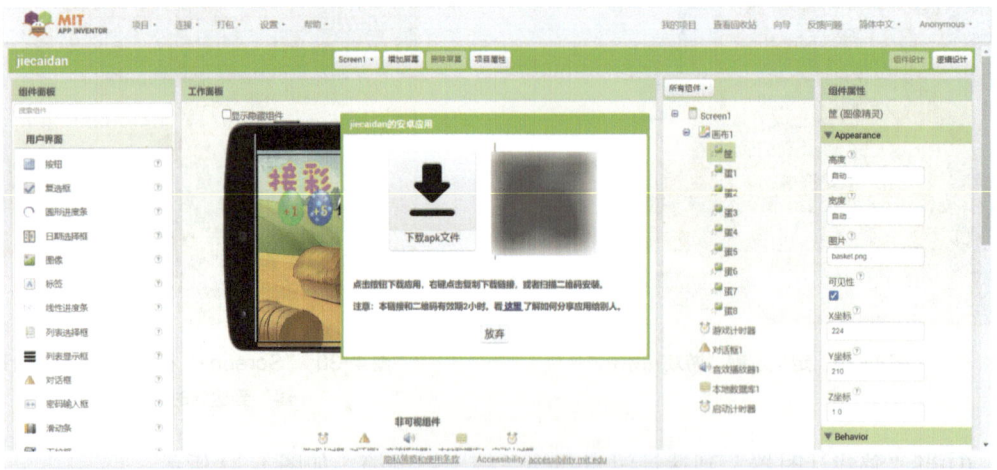

图4-34　打包接彩蛋apk

4）安装apk到手机并进行测试，如图4-35所示。

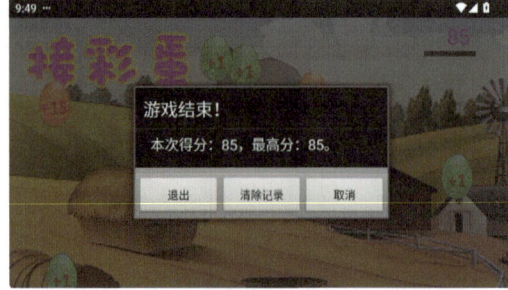

图4-35　安装并测试接彩蛋

（四）App Inventor 动画拓展插件

1. 开发拓展组件

开发者突破平台原生功能限制存在两种技术方案：其一为源码级定制开发，通过修改核心代码库并构建私有化部署环境实现功能增强；其二为采用拓展组件开发模式，遵循官方 API 规范构建即插即用模块，兼容标准服务器实现无缝集成。

2. 拓展组件使用方法

1）准备好拓展文件，文件类型是 .aix 格式文件。

2）打开需要导入拓展的项目，找到组件列表底部的 Extension 类别，单击展开列表，单击带下划线的 Import extension。

3）在弹出的小窗口中，单击选择文件，在文件管理器中选择文件上传并确认，如图 4-36 所示。

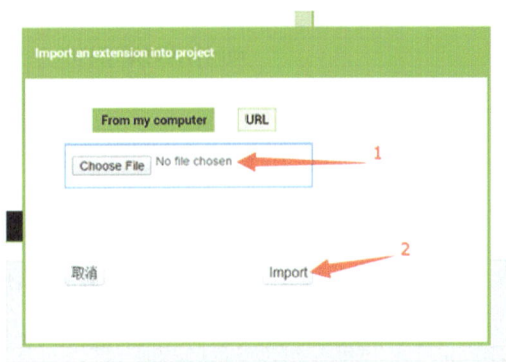

图 4-36 拓展组件上传

4）接下来就可以将拓展组件像普通组件一样拖拽使用了，如图 4-37 所示。

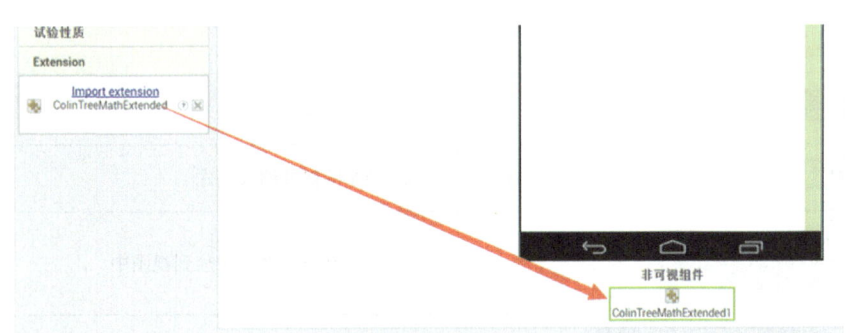

图 4-37 使用拓展组件

3. Lottie 动画组件

Lottie 是一款能够为应用添加动画的开源组件，它可以解析 AE（After Effects）导出的 json 文件，让复杂的动画资源轻松运行在应用程序中。

微课 4-5
Lottie 动画组件

4. Lottie组件功能介绍（见表4-2）

表4-2　Lottie组件

标签	功能
当 Lottie动画.Cancelled 执行	取消动画后触发的文档事件
当 Lottie动画.Clicked 执行	单击Lottie动画视图时触发的事件
当 Lottie动画.CompositionLoaded 执行	加载动画合成时触发的事件
当 Lottie动画.Ended 执行	动画结束时触发的事件
当 Lottie动画.Paused 执行	动画暂停时触发的事件
当 Lottie动画.Repeated 执行	动画重复时触发的事件
当 Lottie动画.Result 返回结果 执行	特定任务完成后触发的事件
当 Lottie动画.Resumed 执行	动画恢复时触发的事件
当 Lottie动画.Started 执行	动画开始时触发的事件
调用 Lottie动画.CancelAnimation	取消动画的方法
调用 Lottie动画.DisableExtraScaleModeInFitXY	禁用XY的额外缩放模式
调用 Lottie动画.Initialize view	初始化Lottie并将其添加到视图中
调用 Lottie动画.PauseAnimation	暂停Lottie动画
调用 Lottie动画.ReverseAnimationSpeed	反转动画速度
设置 Lottie动画.AnimationFromJson 为	从Json为Lottie设置动画，您需要以文本形式传递json
设置 Lottie动画.AnimationFromUrl 为	从Url Demo Blocks为Lottie设置动画

涂鸦板

1)界面设计如图4-38所示。

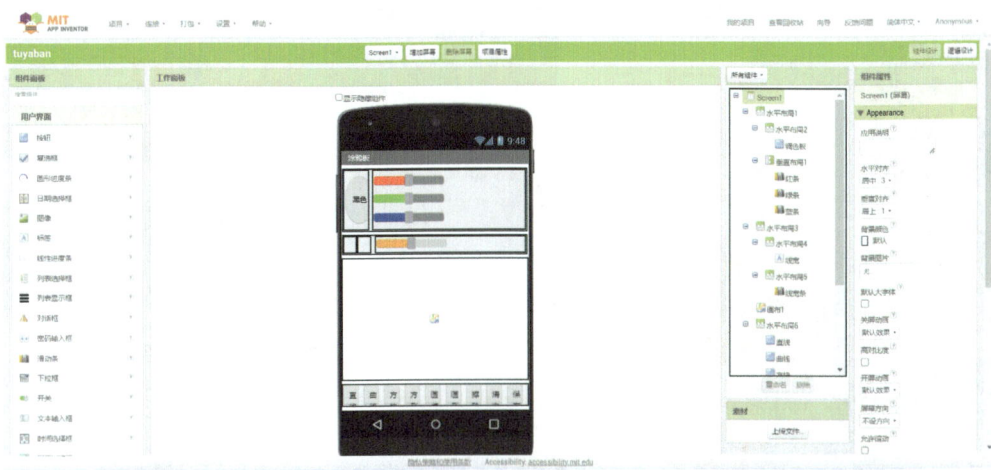

图4-38 涂鸦板界面设计

2)逻辑设计。

①初始化全局变量"Y0""X0""当前绘图类型""颜色滑动条",如图4-39所示。

②定义过程"调色"与"切换绘图类型",如图4-40所示。

图4-39 初始化全局变量 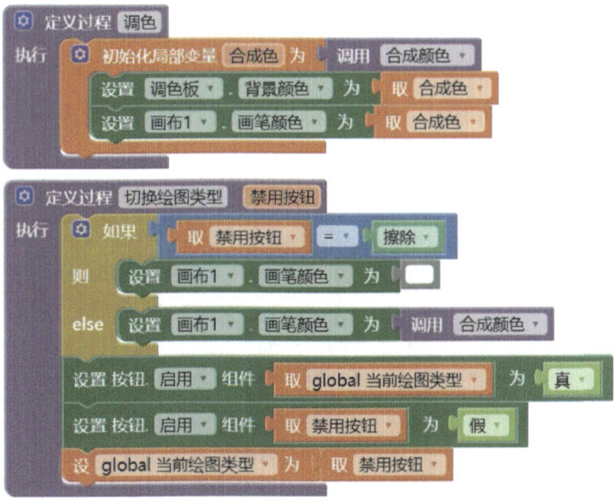　　　　图4-40 定义过程"调色"与"切换绘图类型"

③定义过程"文件名",如图4-41所示。

图4-41 定义过程"文件名"

④定义过程"画方形",如图4-42所示。
⑤定义过程"半径"与"合成颜色",如图4-43所示。
⑥当"保存"被点击与"清空"被点击,如图4-44所示。

图4-42 定义过程"画方形"

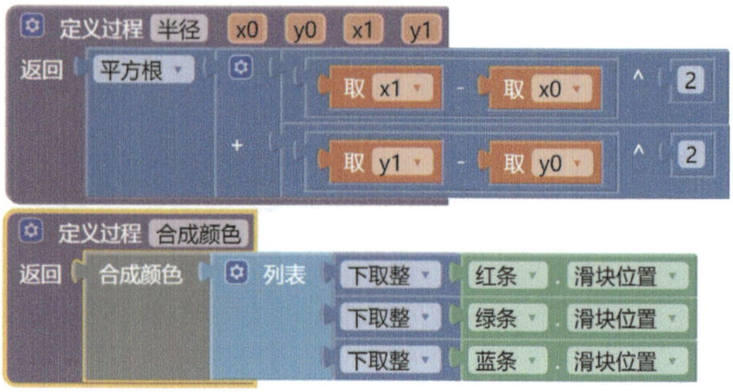

图4-43 定义过程"半径"与"合成颜色"

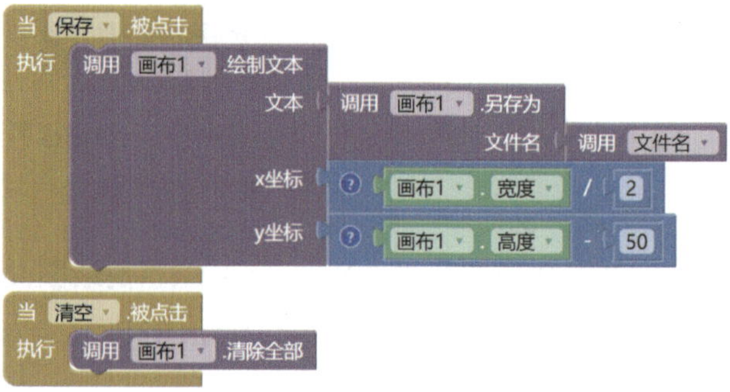

图4-44 当"保存"被点击与"清空"被点击

⑦当"画布1"被拖动与被按压,如图4-45所示。

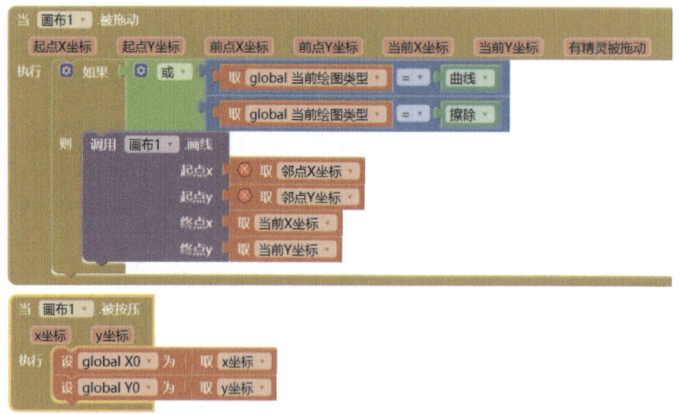

图4-45 当"画布1"被拖动与被按压

⑧当"Screen1"初始化,如图4-46所示。
⑨当"调色板"被点击、当"红条"位置被改变、当"绿条"位置被改变,如图4-47所示。

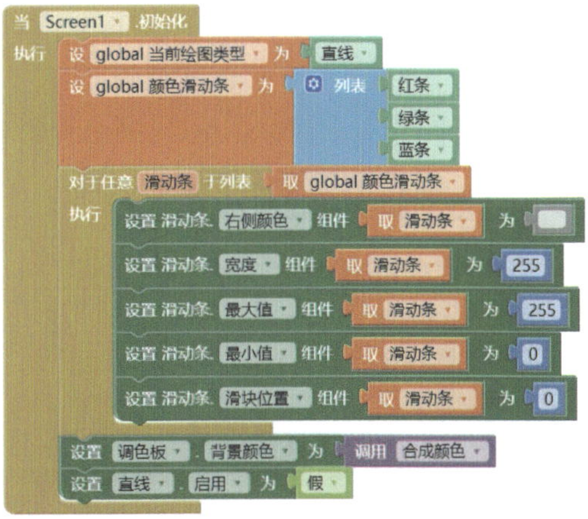

图4-46 当"Screen1"初始化

⑩当"蓝条"位置被改变、当"线宽条"位置被改变、当"直线"被点击,如图4-48所示。

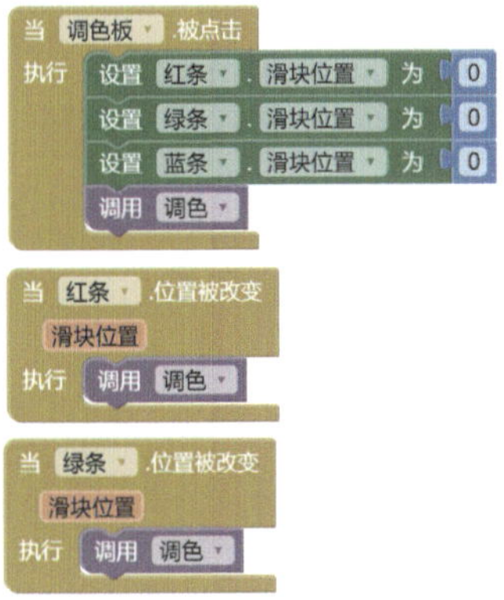

图4-47 当"调色板"被点击、当"红条"位置被改变、当"绿条"位置被改变

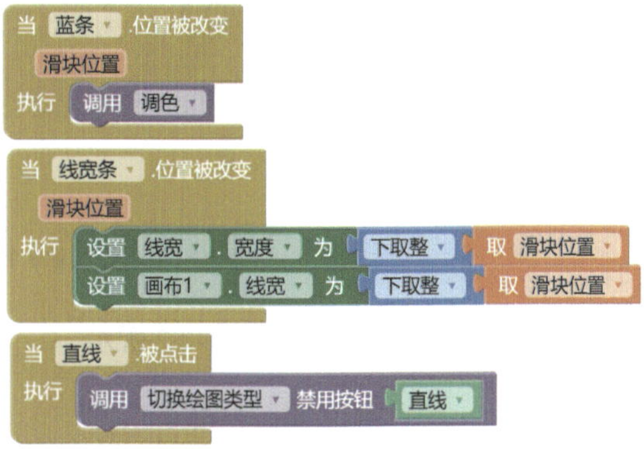

图4-48 当"蓝条"位置被改变、当"线宽条"位置被改变、当"直线"被点击

⑪当"曲线"被点击、当"方块"被点击、当"方形"被点击,如图4-49所示。
⑫当"圆点"被点击、当"圆形"被点击、当"擦除"被点击,如图4-50所示。

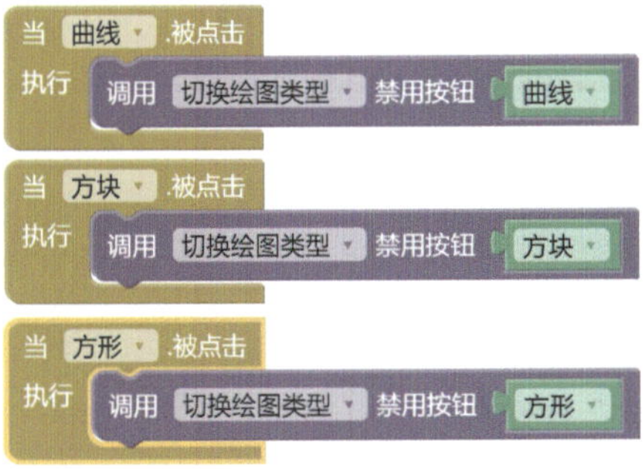

图4-49 当"曲线"被点击、当"方块"被点击、当"方形"被点击

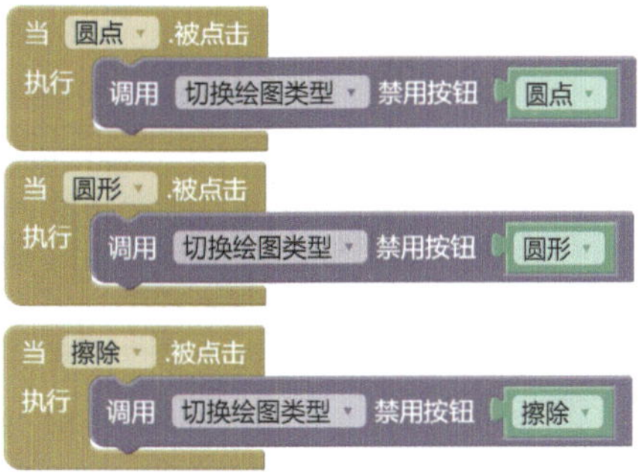

图4-50 当"圆点"被点击、当"圆形"被点击、当"擦除"被点击

⑬当"画布1"被松开,如图4-51所示。

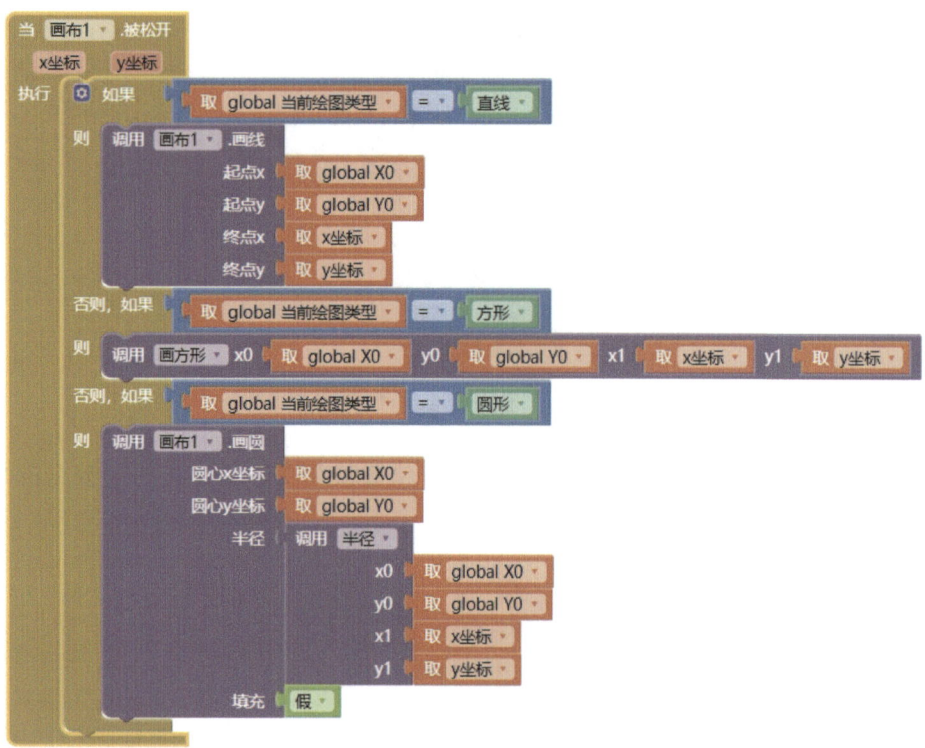

图4-51 当"画布1"被松开

⑭当"画布1"被触碰,如图4-52所示。

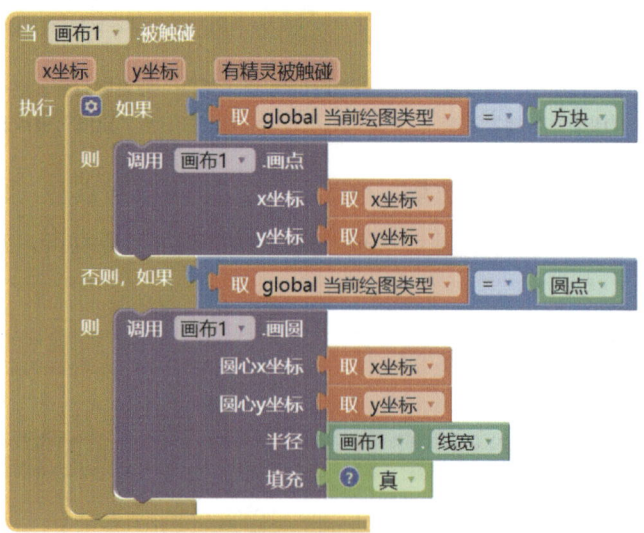

图4-52 当"画布1"被触碰

3)打包apk,如图4-53所示。

4)安装apk到手机并进行测试,如图4-54所示。

图4-53 打包涂鸦板apk

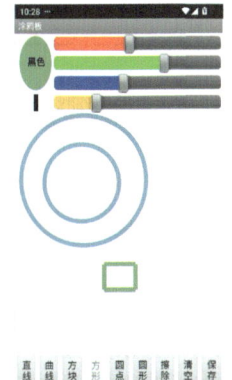
图4-54 安装并测试涂鸦板

（五）App Inventor常见拓展组件

1. 数学拓展组件——ColinTreeMath（见表4-3）

表4-3 数学拓展组件

标签	功能
调用 数学拓展 .Average 列表	平均数，返回列表中所有数字的平均数调用
调用 数学拓展 .LCM number1 number2	最小公倍数
调用 数学拓展 .CbRt 数值	立方根
调用 数学拓展 .Max 列表	返回列表中最大的数字调用
调用 数学拓展 .GCD number1 number2	最大公约数
调用 数学拓展 .Pi	圆周率 π

2. 百度翻译Api——BaiduFanyi

直接向百度翻译Api获取想要的翻译结果。

组件事件见表4-4。

表4-4 百度翻译组件事件

标签	功能
当 百度翻译.GotError 文本 响应内容 执行	获取翻译期间发生错误
当 百度翻译.GotResultRaw 响应代码 响应类型 响应内容 执行	翻译服务器原始响应
当 百度翻译.获得结果时 文本 返回结果 resultInPairs translateFrom translateTo 执行	得到翻译

组件方法见表4-5。

表4-5 百度翻译组件方法

标签	功能
调用 百度翻译.解码JSON文本 JSON文本	解码JSON文本——功能和Web客户端解码JSON文本功能相同
调用 百度翻译.Translate 文本 translateFrom translateTo	翻译文本——方法返回的是翻译请求头（可以忽略）

3.图片轮播——ColinTreeSlideShow

基本使用流程如下。

为该组件预留一个空的水平滚动布局，将宽高设置好（目前组件有个问题，在加入图片之后调整这个布局，图片不会跟随改变大小）。

如图4-55所示，背景颜色可以先设置好。轮播图基本组件见表4-6。

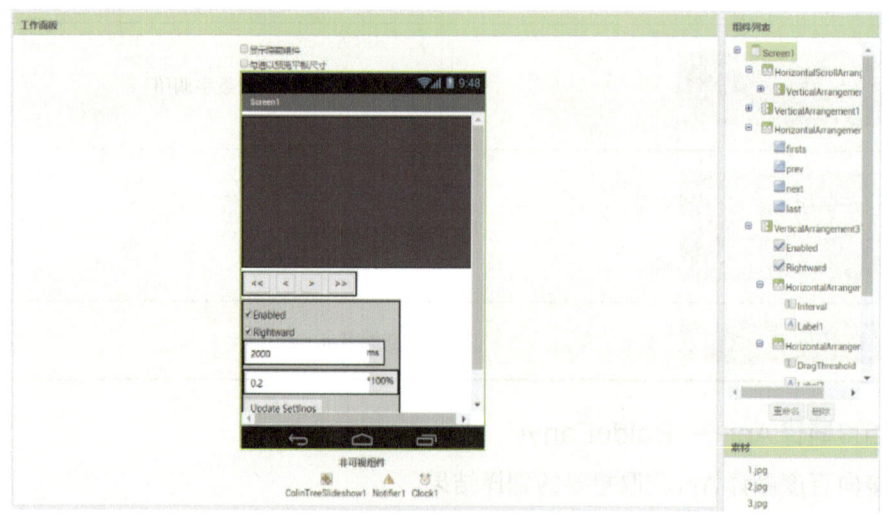

图4-55 图片轮播的基本使用

表4-6 轮播图基本组件

标签	功能
调用 轮播图.RegisterScrollView horizontalScrollArrangement	绑定水平滚动布局
调用 轮播图.AddPhoto 路径	给轮播添加图片

组件事件见表4-7。

表4-7 轮播图组件事件

标签	功能
当 轮播图.AutoSwipe 执行	自动轮播开始滚动
当 轮播图.AutoSwiped 执行	自动轮播滚动结束
当 轮播图.SlideClick slideIndex 执行	图片被点击

4.获取系统语言——ColinTreeSysLang

组件方法见表4-8。

表4-8 系统语言组件方法

标签	功能
调用 系统语言.SysLang	获取系统当前语言的编码
调用 系统语言.SysLangIsEn	系统语言是否为英文
调用 系统语言.SysLangIsZh	系统语言是否为中文

判断系统中英文

1）界面设计如图4-56所示。

图4-56　判断系统中英文界面设计

2）逻辑代码设计如图4-57所示。

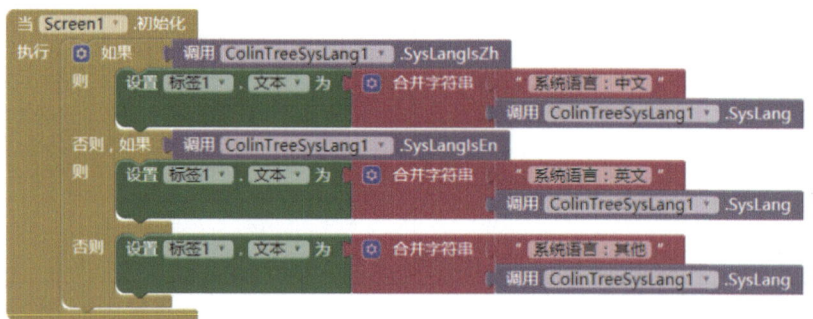

图4-57　判断系统中英文逻辑代码设计

3）打包apk，如图4-58所示。

图4-58　打包判断系统中英文apk

4）安装apk到手机并进行测试，如图4-59所示。

图4-59　安装并测试判断系统中英文

四、项目需求分析

本设计把手机蓝牙发送信号和指令传输给HC06蓝牙模块，通过手机App的开关完成LED灯的亮灭，并为LED灯赋予语音控制功能。

五、项目实施

步骤1：蓝牙基础模块开发

（1）实验线路连接（见图4-60）

使用杜邦线把蓝牙HC06的VCC连接到面包板上的正极，GND连接面包板上的负极，RXD连接到A5接口，TXD连接到A4接口；把LED的GND连接到面包板上的负极，VCC连接到面包板上的正极，Sig连接到数字13接口；面包板的正、负极分别连接Arduino UNO的5V与GND接口。

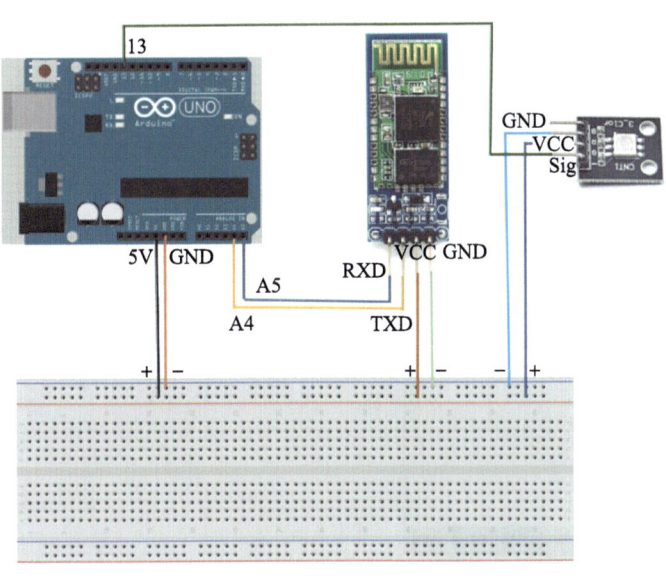

图4-60　蓝牙基础模块开发实验线路连接图

（2）Arduino程序编写

使用Mixly软件编写Arduino程序代码，并上传。具体步骤如图4-61所示。

1）声明变量"接收内容"为字符串，赋值为""。

2）定义蓝牙通信的软串口引脚。

3）判断条件模块，判断软串口是否有数据可读。

4）变量接收内容赋值为软串口所读取的字符串，直到"*"号为止。

5）判断条件模块，判断变量接收内容是否等于"on"。

6）判断条件为真，设数字引脚13为高电平，即开启接在数字13引脚的LED。

7）判断条件模块，判断变量接收内容是否等于"off"。

8）判断条件为真，设数字引脚13为低电平，即关闭LED。

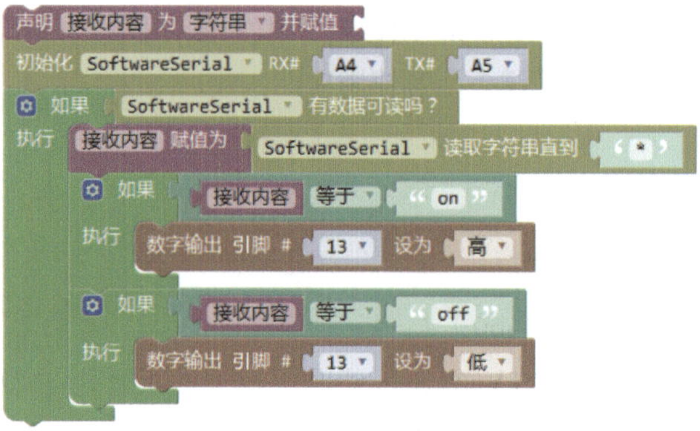

图4-61　Arduino程序代码

（3）App界面设计（见图4-62）

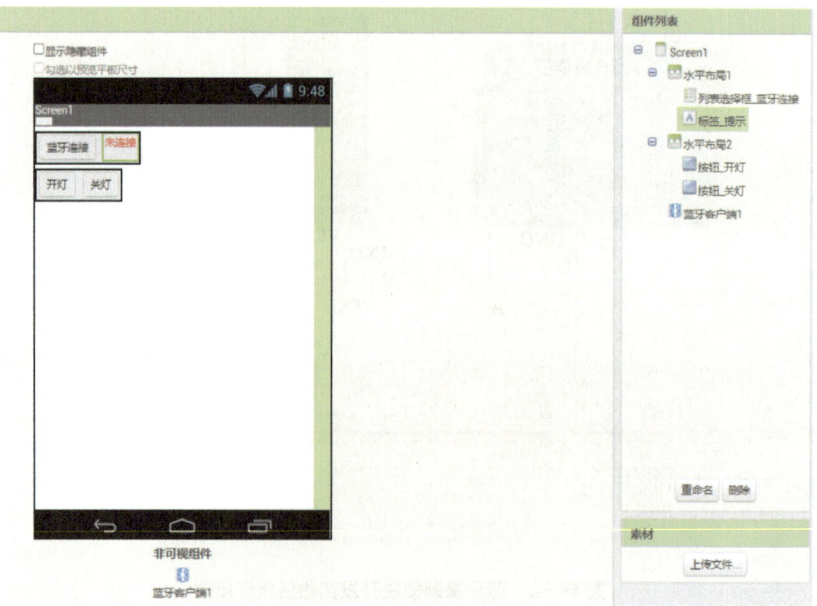

图4-62　App界面设计

使用App Inventor设计手机软件桌面。

1)"列表选择框_蓝牙连接":用于选择蓝牙进行连接。

2)"标签_提示":用来显示蓝牙是否连接成功。

3)"按钮_开灯":通过蓝牙组件发送"on*"。

4)"按钮_关灯":通过蓝牙组件发送"off*"。

5)"蓝牙客户端1":用来通过蓝牙发送、接收信息。

(4)对App界面进行逻辑设计

1)蓝牙连接。蓝牙连接是通过列表选择框进行操作的,需要把列表选择的元素设为已配对蓝牙的设备名称和地址。当选择完成后,则应调用蓝牙客户端进行连接,若连接成功,则显示"已连接";若不成功,则显示"未连接"。蓝牙配对程序如图4-63所示。

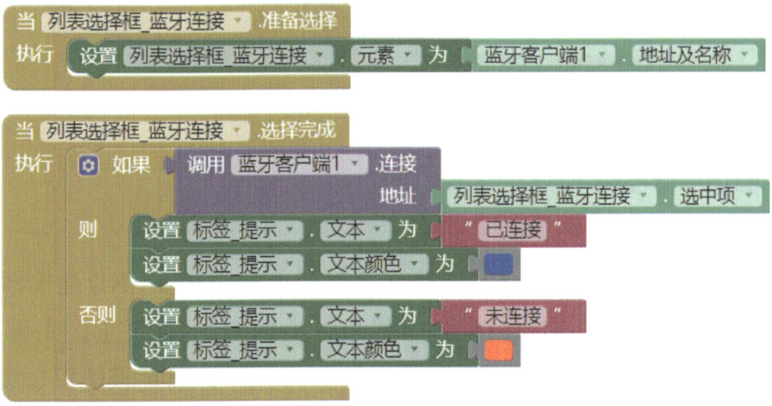

图4-63 蓝牙配对程序

2)发送开灯指令。当"按钮_开灯"被点击时,调用蓝牙客户端发送文本"on*",如图4-64所示。

3)发送关灯指令。当"按钮_关灯"被点击时,调用蓝牙客户端发送文本"off*",如图4-65所示。

图4-64 发送开灯指令

图4-65 发送关灯指令

(5)程序运行调试(见图4-66)

安装手机App并打开,单击"蓝牙连接"按钮对Arduino蓝牙进行连接,然后通过手机开关按钮对LED灯进行控制。

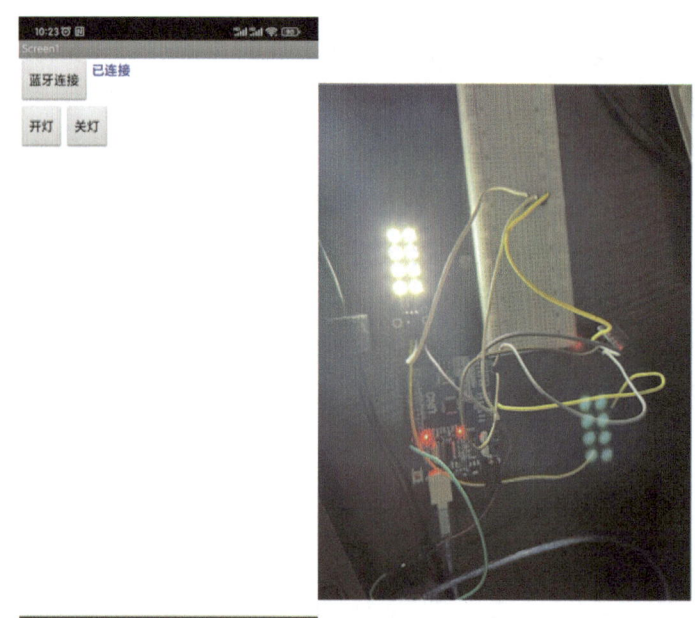

图4-66　程序运行调试图

步骤2：添加语音模块

（1）实验线路连接（见图4-67）

使用杜邦线把蓝牙HC06的VCC连接到面包板上的正极，GND连接面包板上的负极，RXD连接到A5接口，TXD连接到A4接口；把LED的GND连接到面包板上的负极，VCC连接到面包板上的正极，Sig连接到数字13接口；面包板的正、负极分别连接Arduino UNO的5V与GND接口；声音接收器的VCC与GND分别连接到面包板上的正、负极，OUT连接到数字2接口。

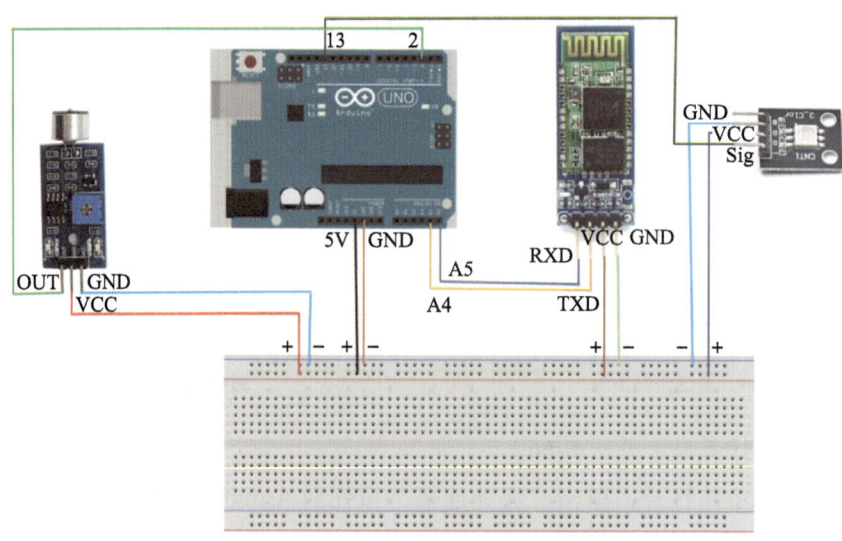

图4-67　添加语音模块实验线路连接图

（2）Arduino程序编写

在Arduino中编写以下程序（见图4-68），并写入到单片机中。

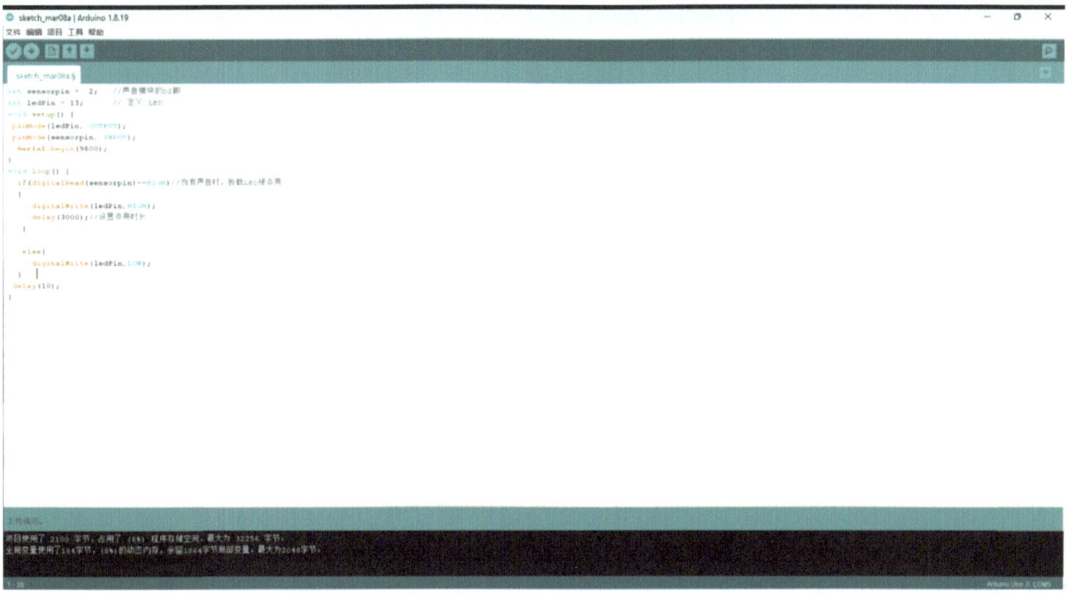

图4-68　Arduino程序代码

附：源代码如下。

```
int sensorpin = 2;    //声音模块的D2脚
int ledPin = 13;      //定义LED
void setup() {
 pinMode(ledPin, OUTPUT);
 pinMode(sensorpin, INPUT);
  Serial.begin(9600);
}
void loop() {
  if(digitalRead(sensorpin)==HIGH)//当有声音时,板载LED被点亮
  {
      digitalWrite(ledPin,HIGH);
      delay(3000);//设置点亮时长
   }

    else{
      digitalWrite(ledPin,LOW);
   }
  delay(10);
}
```

（3）程序运行调试（见图4-69）

通过声音控制LED灯的开关，可在程序中自动调节点亮时长。

图4-69　Arduino程序运行调试

步骤3：红外遥控器制作

（1）实验线路连接（见图4-70）

使用杜邦线把1838红外接收器的VCC连接到面包板上的正极，GND连接面包板上的负极，OUT连接到Arduino UNO的11接口；面包板的正、负极分别连接Arduino UNO的5V与GND接口。

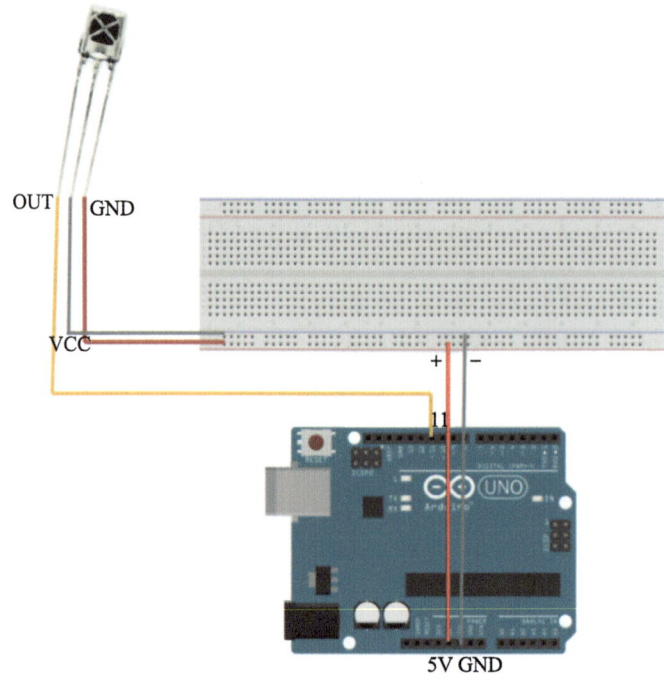

图4-70　红外遥控器实验线路连接图

（2）红外遥控器Arduino程序编写

监听遥控器发送的按键信号值程序编写（见图4-71）。

图4-71　监听按键信号值程序代码

附：源代码如下。

```
#include <IRremote.h>
#define RECV_PIN 11

IRrecv irrecv(RECV_PIN);//红外遥控初始化
decode_results results;//存储接收到的红外遥控信息


void setup() {
  // put your setup code here, to run once:
  Serial.begin(9600);
  Serial.println("Enabling IRin");
  irrecv.enableIRIn();//启动红外接收
  Serial.println("Enabled IRin");
}

void loop() {
  // put your main code here, to run repeatedly:
  if(irrecv.decode(&results)){
     Serial.println(results.value,HEX); //results.value为红外遥控
                                        //信号的具体数值
     irrecv.resume();//恢复接收下一个红外遥控信号
  }
  delay(100);
}
```

（3）LED遥控器Arduino UNO程序编写

使用红外遥控器控制开发板上的LED灯，代码如下。

```
#include <IRremote.h>
#define RECV_PIN 11

IRrecv irrecv(RECV_PIN);//红外遥控初始化
decode_results results;//存储接收到的红外遥控信息


void setup() {
  // put your setup code here, to run once:
  pinMode(LED_BUILTIN,OUTPUT);
  digitalWrite(LED_BUILTIN,LOW);
  Serial.begin(9600);
  Serial.println("Enabling IRin");
  irrecv.enableIRIn();//启动红外接收
  Serial.println("Enabled IRin");
}

void loop() {
  // put your main code here, to run repeatedly:
  if(irrecv.decode(&results)){
    Serial.println(results.value,HEX);  //results.value为红外遥控
                                        //信号的具体数值
    if(results.value==0xF7C03F)//如果控制信息数值为F7C03F
      {
        Serial.println("Command Received:Turn On LED");
        digitalWrite(LED_BUILTIN,HIGH);
      }
      if(results.value==0xF740BF)//如果控制信息数值为F740BF
      {
        Serial.println("Command Received:Turn Off LED");
        digitalWrite(LED_BUILTIN,LOW);
      }
    irrecv.resume();//恢复接收下一个红外遥控信号
  }
  delay(100);
}
```

六、项目展示

红外遥控器控制开发版LED灯结果如图4-72所示。

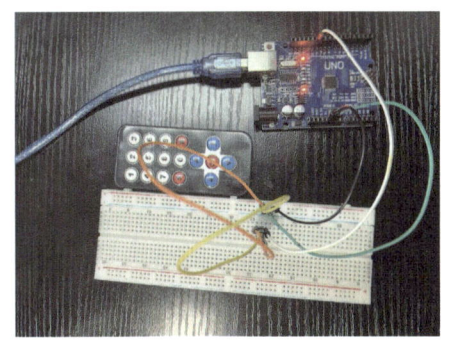

图4-72 红外遥控器控制开发版LED灯结果图

七、项目拓展

在"智能家居"项目基础上思考并实践以下扩展或改进功能,以实现更多的应用需求。

1)添加传感器模块:在原有的单片机项目中增加传感器模块,例如温度传感器、湿度传感器、光线传感器等,以实现更加智能化的应用。

2)增加外围设备:将单片机与外围设备(如LED灯、蜂鸣器、电机等)进行连接,以实现更多的功能和操作。

3)增加通信模块:在原有的单片机项目中增加通信模块(如Wi-Fi、蓝牙、红外线等),以实现与其他设备之间的数据交互和控制。

八、项目小结

本项目以智能家居为主题,通过Arduino开发平台结合多种传感器和执行器,实现了一个基础的智能家居控制系统。项目涵盖了硬件连接、传感器数据采集、执行器控制以及简单的逻辑处理,为学生提供了全面的实践机会,加深了对智能家居系统工作原理的理解。

九、在线测试

扫描二维码,完成本项目的在线测试题,完成后可查看答案。

十、创意项目池

要求:填写表4-9,对项目进行简单介绍,描述项目的来源或痛点,并为项目起一个令人印象深刻的名字;项目池里的项目越多越好。可视完成情况在班级内进行交流讨论和共享。

表4-9 创意项目池4

拟定项目1： 简要说明：
拟定项目2： 简要说明：
拟定项目3： 简要说明：

十一、项目工单

要求：创建团队（2~3人），对项目池中的项目进行创意设计，并完成项目工单（见表4-10）。

表4-10 项目四工单

团队名称		成员姓名	
项目名称			
创意设计	环节1：创意项目思维导图绘制		
	环节2：项目元件连接图		
	环节3：项目逻辑简图		
	环节4：创意项目运营方案		

参考文献

赵斌. 创客编程与开源硬件精选课例40节[M]. 北京：电子工业出版社，2020.